U0583405

Spiritual Culture
青心文化

楊絳

心素如简，优雅一生

慕容素衣——著

中国青年出版社

图书在版编目（CIP）数据

杨绛 : 心素如简，优雅一生 / 慕容素衣著 .
北京 : 中国青年出版社 , 2024. 8. -- ISBN 978-7-5153-7380-5

Ⅰ . K825.6

中国国家版本馆 CIP 数据核字第 2024GV4574 号

杨绛：心素如简，优雅一生

作　　者：慕容素衣
责任编辑：吕娜
特约策划：西离
封面插图：里里
书籍设计：安宁
出版发行：中国青年出版社
社　　址：北京市东城区东四十二条 21 号
网　　址：www.cyp.com.cn
经　　销：新华书店
印　　刷：山东新华印务有限公司
规　　格：787mm × 1092mm　1/32
印　　张：8.5
字　　数：150 千字
版　　次：2025 年 1 月北京第 1 版
印　　次：2025 年 1 月山东第 1 次印刷
定　　价：69.00 元
如有印装质量问题，请凭购书发票与质检部联系调换。联系电话：010-57350337

二分流水三分竹，九日春阴一日晴。

序｜真正的优雅，可以抵抗世间万般不安

“我和谁都不争，和谁争我都不屑；我爱大自然，其次就是艺术；我双手烤着生命之火取暖；火萎了，我也准备走了。”

这首由杨绛翻译的兰德的诗，也可以看作她一生的写照。看老年杨绛的照片，脸上自然而然地散发着一种淡定从容的气质。很多人过了中年往往一脸戾气，那是因为承受了太多的苦难。杨绛经历了那么多风霜，却始终能化戾气为祥和，岁月把她打磨成了一颗珍珠，散发出的光芒并不那么夺目，却内敛而温润。

2016年5月25日凌晨，杨绛先生因病去世，享年105岁。消息传来，朋友圈里一时被纪念先生的文章刷屏，从清华大学的学生，到普通的老百姓，许多人自发地悼念先生。这些人中，可能大多数并没有读过杨绛的作品，抑或读过，也只是半爪一鳞。

人们为什么怀念杨绛，可能并不仅仅是因为她写出过《我们仨》《洗澡》等足以传世的作品，而是因为她活出了很多人理想中的生活状态，拥有过很多人向往的理想爱情。无论时局如何变化，大多数人仍然希望能拥有内心的宁静，希望能够和相爱的人白头偕老，而这些，杨绛恰恰都做到了。她一生写过很多作品，但最好的作品其实就是她的人生。

杨绛出生于1911年，走过了一个世纪的风风雨雨。当我们回顾中国历史时，便会发现，这是一个惊人动荡的世纪，尤其是民国年间，新旧碰撞、政权更迭，远远没有后人想象的那么浪漫美丽。

民国是一个群芳荟萃的年代，拥有一群芳华绝代的女神标本：林徽因、陆小曼、张充和、孟小冬、阮玲玉、胡蝶……一个个名字缀在一起，才成就了那个时代的满天星光。在姹紫嫣红的民国群芳中，杨绛是一个特殊的存在，任他人争奇斗艳，她始终人淡如菊，就像一缕清风，一杯香茗，一竿翠竹。淡泊和温润是她性格的底色，她编剧、写作，都是“随遇而作”，并无争名逐利之心。她每次都说自己只不过是试着写写，没想到一试之下，写出来的不乏精品。

在“文化大革命”期间，杨绛被剃了阴阳头，她拿起女儿剪下的辫子，细细织了一顶假发戴上。被发配去打扫女厕所后，她发现这里反而是一个安乐窝，可以在这里读读随身携带的旧诗词卡片。正是在那样艰难的处境下，她着手翻译八卷本《堂吉诃德》，后来被称为最好的译本。

这样的心境，便是“优雅”的最佳注脚。到底什么才是真正的优雅呢？我想，真正的优雅，就是我们通常所说的“随遇而安”，无论处于什么样的境遇，都能够从容面对，宠辱不惊。但光有随遇而安的恬淡还不够，还得有内心的笃定和坚守，守得住底线，熬得过艰辛，这样才能做到由内而外的优雅。

杨绛就是如此，当人们挑战她的底线时，温润如她，也会显露出金刚怒目的一面来。风雨飘摇的年代，很多人劝他们夫妇离开中国，他们一口拒绝了，原因是“我们是倔强的中国老百姓，不愿去外国做二等公民”。“文化大革命”时，钱锺书在中国社科院文学所被贴了大字报，杨绛就在下边一角贴了张小字报澄清辩诬，后来被揪出来批斗了，她还是据理力争：“就是不符合事实！就是不符合事实！”

《大学》中说：“知止而后有定，定而后能静，静而后能安。”知道自己要什么，在一生悬命的追求上从未放弃过，内心才能够安定，杨绛恰恰做到了这一点。从古至今，世界从来不安，时局多半动乱，有了安定的内心，才可以做到在不安的世界里安静地活，才能够活得优雅。

真正优雅的人，遍历人间沧桑，依旧云淡风轻，纵然有过怨气，也早已被消解。所以杨绛写“文化大革命”往事，用笔清淡，绝少有饱含血泪的控诉，的确做到了“哀而不伤、婉而多讽”。

当我回顾杨绛的一生时，不时会因她遭受过的那些苦难而动容，但我更加感受到，她在漫长而动乱的生活中所迸发的生命之光。日子再艰难，前路再迷茫，她也从未放弃过幽默和乐观。她始终坚信：人性并未泯灭，乌云镶着金边。

回忆往事，杨绛写道：“常言彩云易散，乌云也何尝能永远占领天空。乌云蔽天的岁月是不堪回首的，可是停留在我记忆里不易磨灭的，倒是那一道含蕴着光和热的金边。”

杨绛其人其文，给我的印象，就是那一道含蕴着光和热的金边，哪怕漫天乌云，只要抬头看见有这么一道金边，也能给人无限慰藉，让人看到活着的尊严和希望。

杨绛先生走了，“我们仨”终于可以在天上团聚了。我们为她高兴，却又禁不住失落，因为先生走后，世上能够被尊称为先生的女子又少了一个。

目录 Contents

目录

Contents

第三卷 赌书泼茶，岁月静好

第四卷 凛凛风骨，一身才情

第一卷

杨家有女初长成

父亲饭后吃水果，
她专门负责削皮；
父亲要吃栗子、
核桃等坚果，
她专门负责剥壳。
她知道父亲有喝
茶的习惯，
每天早饭之后，
马上会给他泡一碗
浓浓的盖碗茶。

1911年7月17日，一个乳名叫作阿季的女婴在北京呱呱坠地。100天后，“中华民国”取代了清政府。所以她经常自豪地说：“我和‘中华民国’同岁，我比‘中华民国’还年长一百天！”

生下来第一天，家里人给她喂冰激凌吃，她好奇地舔了又舔，结果冻得嘴唇都变成绛紫色了。后来，她拥有了一个笔名，叫作杨绛，却和幼时那支冰激凌无关，而是弟妹们偷懒爱将她的名字“季康”连起来叫成“绛”。

这一年，辛亥革命爆发，中国历史迎来了史无前例的巨变；这一年，林觉民家的大小姐林徽因刚刚7岁，她因为父亲娶了二房冷落了母亲而郁郁寡欢，被称为“小大人”；这一年，一个叫张乃莹的东北姑娘出生了，在呼兰河那座小城里，除了爷爷，她并没有得到过谁的宠爱，萧红是她的笔名；这一年，合肥张家的三小姐张兆和刚满周岁，小姑娘生得黑里俏，闷闷得不大爱说话，在家里是个不太起眼的孩子，如果没有之后与沈从文之间那场师生之恋，她或许并不会被人记住。

这一年，旧的时代已经结束了，新的时代才刚刚拉开序幕，还要再过上一二十年，等到上面说的这些女孩长大了，才会迎来那个群芳荟萃、万紫千红的年代。时代成就了她们，她们也照亮了时代。她们中，有的成了文艺女神，有的成了文学洛神，从那时一直惊艳到了如今。

她们或颠沛或平稳的命运，早在1911年已埋下伏笔。童年的经历，往往决定了一个人一生的性格底色和命运走向。童年时缺爱的人，大多一辈子都会生活在爱的匮乏中，因为他们很难相信自己能够得到无条件的爱；童年时得到过充足的爱，长大了则更会知道如何去爱一个人。

比较起来，我们的小阿季真是很幸运，她出生在一个洋溢着幸福气氛的家庭，父母慈爱，兄妹和睦，优裕温馨的家境滋养出她温柔敦厚的品质，奠定了她性格的基石。从童年那个并不出众的小阿季身上，已经隐隐可以看出日后杨绛的影子，比如娴静沉稳的性格、爱书成癖以及善于爱护家人等。

很多年以后，杨绛忆起少女时代时仍说："那是我一生最回味无穷的岁月。"对她来说，回忆幼时是一次温暖的旅程。童年的阳光似乎还存留在她心底的柔软一角，又从她的笔底流泻出来，才能在写到生离死别时，笔下仍有脉脉温情在流淌。这样的文字，只有内心真正光明温暖的人才写得出。

父亲和母亲，正是最初给予她光明和温暖的两个人。他们的爱，照亮了她的一生。

来自父亲的性格基因

什么样的女孩子最自信、最有安全感？答案是：从小得到过父亲充分关爱的女孩子。这并不是杜撰，而是根据一项调查得出的结论。甚至有心理学家认为，每一个优秀的女孩子背后都有一个疼爱她的父亲。

小杨绛很幸运地遇到了这样的父亲。

父亲杨荫杭对她一生的影响极大，可以说，父亲的正直、淡泊名利以及对家人的爱塑造了杨绛。

杨荫杭是江苏无锡人，字补塘，笔名老圃，又名虎头。杨家在无锡当地是有名的书香门第，杨绛的祖父、曾祖父都做过官，以清廉和正直闻名。她曾经说自己出生于“寒素人家”，这是种自谦的说法。

杨荫杭为人，酷似梁羽生武侠小说中的男主角，万斛清才，一身侠气，虽是书生，却侠骨丹心。他心怀“立宪梦”，一生都在为法治梦想而奋斗，观其终生，当得上“刚正不阿”四个字。

举个例子来说明他的为人。杨荫杭青年时考入北洋公学，当时北洋公学由外国人把持，部分学生因对伙食不满而反抗，外国人开除了一名带头闹事的广东学生。杨荫杭并未参与，但他看到许多学生慑于外国人的压制，噤若寒蝉，不禁气血上涌，挺身而出说：“还有我！”结果也遭到了开除。

被北洋公学开除后，杨荫杭又考入南洋公学，因成绩优异获得留学的机会，于 1899 年被学校送往日本早稻田大学留学。正是在日本，他受到了孙中山、黄兴等人的影响，开始参与革命事业。回国后，他在上海《时事新报》担任编辑，同时在中国公学、澄衷学校、务本女校教课，并经常在《大陆月刊》等报刊上发表文章，宣传革命。

因为杨荫杭的影响越来越大，他的举动引起了清政府的重视，准备将其逮捕。于是杨荫杭被迫再度出国，于 1906 年到美国宾夕法尼亚大学学习法律。

学成归国后，杨荫杭做过法官，当过律师，还在《申报》担任过副总编兼主笔。其秉公执法、不阿不谀的为官原则令人想起北宋时的铁面包公。他刚直的作风与包拯类似，却比包拯更有人情味，常自告奋勇为请不起律师的穷人辩护。也时有一些并不贫困、打胜官司后赖掉酬劳的事发生。据杨绛回忆，其父大约有三分之一的酬劳被赖掉。她笑父亲：作为一个律师，却连自己的权益也不会保障。

杨荫杭担任浙江省高等审判厅厅长时，当地有一个恶霸仗着自己与浙江省的督军有裙带关系，在乡里鱼肉百姓，无恶不作，甚至行凶杀人，百姓苦不堪言。

被害人家属忍无可忍，决定上诉。地方法院审理后呈报省厅，杨荫杭依法审理案件，收集证据，最后提笔判处这一恶霸死刑。这一判决引起强烈反响，连浙江省的省长屈映光也出面为恶霸说情，要求杨荫杭予以减刑，可是杨荫杭坚决地回答："杀人偿命，不能宽宥。"

屈映光见求情不成，就向当时任大总统的袁世凯告状。幸亏当时任袁世凯机要秘书的张一麐与杨荫杭是同窗好友，从中为杨荫杭说情，袁世凯才亲笔批了"此是好人"，并将杨荫杭调到北京了事。

在当时的司法环境下，杨荫杭的"立宪梦"很快就破灭了，但他从未放弃过对司法公正的努力，哪怕因此而仕途偃蹇。中国传统文人推崇的"知其不可为而为之""虽千万人，吾往矣"在他身上得到了充分的体现。

杨绛后来在《回忆我的父亲》一文中将父亲的这些事迹细细道来，字里行间可见她是颇以父亲为荣的。父亲往往是女儿的第一位偶像，身教胜于言传，杨荫杭的刚直不阿和铁骨铮铮潜移默化地影响了杨绛。她性格中偶有金刚怒目的一面，那是父亲留给她的性格基因。她说："父亲从不训示我们如何做，而是通过他的行动，让我们体会到'富贵不能淫，贫贱不能移，威武不能屈'古训的真正意义。"

在书香味浓郁的家庭长大的孩子，往往会喜欢阅读。杨绛就是受父母的影响，从淘气转向好学的。父亲平时说话入情入理，出口成章，在《申报》上写的评论一篇接一篇，豪气冲天，掷地有声。她又佩服又好奇，请教秘诀，父亲说："哪有什么秘诀？多读书，读好书罢了。"她有样学样，就去家里找藏书看，果然觉得有趣，从此就爱上了读书。

杨荫杭身上不仅有铁面无私的一面，还有名士风流的一面。他收藏古钱、古玩、善本书，爱读杜诗，于音韵学钻研很深，把各时代的韵书一字字地推敲。

他当律师时，有次和会审公堂的法官争辩起来，法官训斥他坐着的样子不规矩，还跷起了一条腿。他听了故意将腿跷得高高的，不以为意地侃侃而谈。第二天沪上报纸都将此事作为头条新闻来报道，杨荫杭也由此名声大振，成了知名律师。这些放任不羁的行为，被他的大女儿当成新闻告诉了弟弟妹妹，杨绛还特意写到了文章中。

作为法官、律师的杨荫杭是十分威严刚直的，作为父亲的他则十分开明慈爱，他看起来凝重有威，其实没有一点架子。钱锺书做了他的女婿后，刚开始有点怕这位老丈人，后来却说他“望之俨然，即之也温”。

杨荫杭有八个子女，杨绛排行第四，上面有三个姐姐，她是父亲逃亡海外归来的第一个女儿，虽不是最小，却属于父亲“偏怜”的女儿。她小时候个子矮小，父亲却说：“猫以矮脚短身者为良。”对她十分宠爱。杨家没有重男轻女的陋习，对女儿和儿子都同样看待。母亲唐须嫈负责孩子们的衣食住行，父亲杨荫杭则在孩子们的教育方面颇为用心。

要知道杨绛何以能成为杨绛，不得不说说杨荫杭的教育方式。

他不给孩子们施加任何学业上的压力，采取的教育理论是孔子的“大叩则大鸣，小叩则小鸣”，推崇无为而治，顺其自然。杨荫杭有个偏见，认为女孩子身体娇弱，用功过度，会损害健康。他常对女儿说，他同学中有的整天死读书，能拿一百分，实际上是个低能儿，所以从来不要求女儿们拿高分。杨绛在高中还不会辨平仄声，他安慰女儿说：“不要紧，到时候自然会懂。”后来她果然四声都能分辨了。父亲晚上常走到窗前，敲着窗户考她某字什么声，她答对了，他高兴得直笑，她答错了，他还是乐得大笑。

他鼓励孩子们做自己喜欢做的事。杨绛从小就喜欢诗词文学之类的书，杨荫杭就常常给她买。她对什么书感兴趣，他就把那本书放在她的桌上，假如她长期不读，那本书就不见了，等于是无声的谴责。

杨绛考入东吴大学后，面临着选学科的问题，生平头一次严肃认真地考虑，想选一门最有益于人的学科。父亲却告诉她，没什么该不该，最喜欢什么，就学什么。

杨绛很忐忑，心想：难道我喜欢文学，就学文学，喜欢小说，就学小说，这些会有益于人吗？

父亲回答说："喜欢的就是性之所近，就是自己最相宜的。"

听了父亲的话，杨绛心中一块石头落了地，在文理科之中选择了文科。正是有了这个选择，才成就了之后的剧作家、翻译家和作家杨绛。

若是通过上文所说，就判定杨荫杭是个对孩子纵容无度的慈父，那未免误解了他。他给予了孩子适度的尊重和充分的自由，在此之外，他对孩子还是有所要求的。

他要求子女一定要自立。杨荫杭常常挂在嘴边的一句话就是："我的子女没有遗产，我只教育他们能够自立。"他反对购置家产，因为他坚持：对本人来说，经营家产耗费精力，甚至把自己降为家产的奴隶；对子女来说，家产是个大害。他常说，某家少爷假如没有家产，可以有所作为，现成的家当却使他成了废物，使他不图上进。

他对身外之物看得很淡，假如孩子们对某件东西艳羡不已，他就会说：“世上的好东西多着呢。”杨绛听出了父亲的言外之意是：“世上的好东西多着呢，你能样样都有吗？”一次，他带着孩子们去一位朋友家做客，大女儿连连称赞他们家的地毯多厚，沙发多软，杨荫杭却慨叹说：“生活程度不能太高的。”杨绛对物质生活的淡泊，正是受了父亲的熏陶。

为了鼓励子女从小养成自力更生的习惯，杨荫杭还将美国的“劳动教育”带到了家庭中。他要孩子们干活儿，悬下赏格，捉一个鼻涕虫奖铜板一个，捉三个小蜘蛛奖铜板一个，捉一个大蜘蛛则奖铜板三个。妻子对他说：“不好了，你把‘老小’（孩子）教育得唯利是图了。”可这种多劳多得的方式很有效，没多久，孩子们把鼻涕虫和蜘蛛都捉尽了。

他要求子女自己的事情自己负责，告诉他们应该拥有“说不”的勇气。杨绛读高中时，学生的社会活动很多，班里经常推举女同学到街头演讲。有的女生不乐意去，就推说家长不同意。有一次推举到杨绛演讲，她很害羞，料想到不会有人认真听，不愿意去，回家时也希望父亲能够推说是“家里不赞成”。可是杨荫杭却说：“你不肯，就别去，不用拿爸爸来挡。”

为此，他还特意举了一个自己的例子。有一次，一个权势显赫的军阀到了上海，江苏士绅联名登报拥戴欢迎。杨荫杭的某下属擅自把杨荫杭的名字列在了欢迎者的名单中，以为反正也不是什么大事，名字既已见报，杨荫杭即使不愿意也只好默认。而杨荫杭认为“名与器不可以假人”，他立即在报上登了一条启事，申明自己没有欢迎。

杨荫杭对女儿说：“你知道林肯说的一句话吗？Dare to say no！你敢吗？”杨绛听了，暗暗惭愧，只好壮着胆子到学校说“我不愿意去”。在她的坚持下，学校只好允许了。

杨荫杭虽偶有严厉的一面，但大部分时候对子女还是相当呵护的，甚至有些纵容。杨绛回忆说，她父亲最爱在饭后和孩子们一起吃甜食，常央求妻子买点好吃的给他和孩子们一起“放放焰口”。“放焰口”在杨家成了一个特殊的词，孩子们想要吃的玩的，都会撒娇说“爸爸，放焰口”！孩子们大冬天的想做冰激凌，他听了不仅不阻拦，还兴冲冲地告诉他们应该如何制作，做好后又兴致勃勃地尝了一点。

杨绛从小乖巧懂事，常常跟在父亲后面，是他最贴心的“小棉袄”。父亲饭后吃水果，她专门负责削皮；父亲要吃栗子、核桃等坚果，她专门负责剥壳。她知道父亲有喝茶的习惯，每天早饭之后，马上会给他泡一碗浓浓的盖碗茶。入夏之后，父亲最怕蚊子咬，等弟弟妹妹捉了蚊子后，她一定要亲自检查一遍，看蚊帐内还有没有蚊子。

杨荫杭特别喜欢这个乖顺的女儿，他每天中午有午休的习惯，这时候孩子们怕吵了他，都一哄而散。有一天，他叫住小杨绛说："其实我喜欢有人陪陪，只是别出声。"等父亲睡着了，杨绛就拿着一本书在旁边悄无声息地看着，生怕吵了父亲睡觉。冬天的时候，父亲房里生着火炉，需要添煤的时候，她就夹起一块悄悄地放进炉子里。这些寻常的时刻，后来都成了杨绛回忆中难忘的一幕幕。

上海沦陷时，杨荫杭赋闲在家专心著书，连书题都拟定了，叫作《诗骚体韵》。他深知几个子女中，杨绛读书最多，知他最深，所以很高兴地对她说："阿季，以后传给你！"可惜的是，他后来对书稿并不满意，在离世前毁掉了这部著作。

许多年以后，杨绛追思父亲时，还深以为憾。她认为，一个人的精力有限，为子女的成长教育消耗了太多的精力，就没有足够时间写出自己满意的作品了。但是我想，杨荫杭若是复生，未必会太过遗憾，因为父母总是会将子女放在第一位，然后才顾得上自己的事。

1945年抗战胜利前夕，杨荫杭因脑出血逝世，终年67岁。杨绛赶到苏州旧宅时，只看到灵堂里挂着父亲的遗照。她像往常一样，到厨房去泡了一杯酽酽的盖碗茶，放在遗照下的桌子上，自己坐在门槛上哭了起来。

父亲再也没办法喝一碗她亲手泡的盖碗茶，父亲宛如霁月光风般的为人做派却一直留在她的脑海，影响了她一辈子。

人生中第一位偶像

如果说父亲杨荫杭促使杨绛走上了文学之路，母亲唐须嫈则将温柔和顺的性格遗传给了杨绛。

唐须嫈也是江苏无锡人，典型的江南女子，灵秀、温婉，知书达理。她少女时代也上过学，而且上的是上海著名的女子中学务本中学，和章太炎的夫人汤国梨是同学。可自从1898年嫁给杨荫杭后，她就为他生儿育女，操持家庭，做了一辈子的贤妻良母。

她原来有个小名叫作细宝，据杨绛说，母亲这个古里古怪的名字，是父亲给改的。民国时期，杨荫杭在北京任京师高等检察厅检察长时，每年元旦都需要偕夫人出去应酬，夫人也要有名片。他便给夫人改了一个古雅的名字，“嫈”字是古字。

杨荫杭性格耿直刚硬，唐须嫈则要温柔敦厚得多，一点都不尖锐。她对别人说的话反应总是慢半拍，有人当面损她，她也不恼，过了半天才笑着说："她算是骂我的。"她不知道如何当面和人起冲突，事后也不计较。杨绛在性格上，比较像母亲。

唐须嫈留下的史料很少，无从考证她是否具有文学方面的才华。但她酷爱看小说，具有一定的文学鉴赏能力，这点杨绛也随母亲，她不像父亲那样沉迷于音韵学，而是喜欢辞章小说。唐须嫈做针线的藤匾里搁着《缀白裘》之类的旧体小说，做累了针线时，她会拿出来翻看，一边看一边笑。母亲看书入迷的样子似乎总会给孩子留下深刻的印象，张爱玲也记得，她母亲如厕时常常带一本小说，坐在马桶上边看边笑。也许因为这是母亲难得快乐轻松的时光。

除了《缀白裘》《聊斋》之类的旧体小说，唐须嫈还爱看新小说。有一次，她看了几页绿漪所著的《绿天》，便对女儿说："这个人也学着苏梅的调儿。"杨绛很佩服母亲能从一堆女作家中辨别出苏梅的风格来，告诉她："写书的就是苏梅。"还有一次，唐须嫈看了冰心的作品后，评价说她是名牌女作家，但不如谁谁谁。杨绛很佩服母亲在文学上的见解。

唐须嫈先后生育了八个孩子，一大家子里里外外的杂事都需要她操心，每天都忙得团团转。可即便这样，她对孩子们还是很温和的，从不训斥他们，更不用说打骂了。对于家里的用人来说，她是个随和的主母，用人都不怕她。家里有个叫赵佩荣的门房，经常为倒霉的同乡人向她求情说："太太，让他来干干活儿，给口饭吃就行。"唐须婺总是会应允他。

杨家曾经收留过一个穷苦人家的孩子打杂，唐须婺怜他福薄，特地为他取名叫作阿福，希望借吉祥字儿防御厄运。阿福是个孝子，唐须婺给他一点什么好吃的，他都说要留着给娘吃。她对这个孩子特别好，想要为他攒钱娶一房媳妇，让他学一门手艺，还特意教他做厨子。可惜后来阿福被人骗了，下落不明。

家里的孩子们受了唐须婺的影响，给一个新来的愚痴佣妇取名叫作阿灵，希望她能够变得聪明。有这样的母亲，杨绛姐弟几人都很善良，不会去欺负那些比自己出身卑微的人。杨绛成家之后，和请来的阿姨也都相处得很好。

从前在大家庭做女主人是很不容易的，一大家子人都要照顾到。杨绛的二姑母杨荫枌、三姑母杨荫榆都与夫家断绝了关系，长年住在哥哥家里。长久相处通常会有摩擦，唐须婺却和两个小姑子的关系很好。

杨荫榆受过高等教育，留过学，在当时是知名的独立女性，但她在担任北京女子师范学校的校长时，认为学生的职责就是读书，反对他们上街示威，并开除了许广平、刘和珍等人。杨荫榆遭到了进步学生的一致抵制，不得不辞职。在她辞职半年后，发生了震惊全国的“三一八”惨案。当时，北师大的学生上街游行，反对帝国主义和北洋军阀，游行中，军阀当场开枪，打死打伤了三四百人。惨案爆发后，鲁迅发表了《纪念刘和珍君》一文，痛责了她开除进步学生的行为。

因为此文，杨荫榆在历史上留下的形象实在不太光彩。很少有人关注到，她后来在日寇侵占苏州时，不止一次跑去见日本军官，责备对方纵容部下奸淫掳掠，帮四邻要回被抢的财物。街坊上的妇女怕日本兵挨户找“花姑娘”，都躲到杨荫榆家。日本人邀请她参加“维持会”，被杨荫榆断然拒绝，就将她抛进河里，开枪残忍杀害。杨荫榆的血染红了河水，可嘴里仍骂敌不休。如此刚直强硬的一面，倒是颇似她的二哥杨荫杭。

孩子们都不喜欢这位性格尖刻、行为偏激的三姑母，唐须嫈却最怜悯她早年被许配给傻子的经历，也最敬佩她个人奋斗的能力，说她本性是个贤妻良母，只为一辈子不得意，才变成这个样子。

唐须嫈对这位小姑子好极了。杨荫榆要做衬衣，她怕裁缝做得慢，就买来料子，亲自在缝纫机上赶出来；杨荫榆说要吃什么菜，她就特意亲自下厨，做好了还对孩子们说这是

“三伯伯”（三姑母）吃的，懂事的孩子们从不下筷，她自己也总是最后一个坐下吃饭；杨荫榆后来搬出去住了，一生病就向嫂子求助，唐须嫈便带着孩子大老远地跑过去照顾她，直到她病愈。

孩子们有时看不惯三姑母的自私，在背后嘀嘀咕咕说她坏话，唐须嫈听了，便会训斥他们说：“老小（小孩子）勿要刻薄。”

杨绛后来嫁给钱锺书，钱家也是人口众多的大家庭，她却能应付自如，和上上下下的关系都很好，可能是自小看母亲处理惯了，自然而然地学会了如何应对人事。所谓家教，很多时候并不是刻意地教孩子们怎样做，而是春风化雨般的耳濡目染。

母亲给杨绛印象最深的，是她对父亲无微不至地呵护。杨绛曾经说：“我们姐妹中三个结了婚的，个个都算得贤妻。但我们都自愧不如母亲待父亲那么和顺，那么体贴周到。”

唐须嫈对丈夫的刚直磊落、特立独行总是无条件地支持。丈夫留学归国，反对清廷剪去了发辫，她就给他做了一条假辫子，以防他走在路上被人看出来；丈夫流亡海外，她就独自在无锡抚养儿女，侍奉老人；丈夫耿直无私，每每触怒上司，被迫停职，她总是毫无怨言，一路跟随；她总是心疼丈夫太劳累，称他为“老牛”。杨绛回忆说，母亲是有些纵容父亲的，父亲在母亲面前任性得像个孩子似的，可是如果母亲说他有哪里做得不好，父亲就像乖孩子那样立即听话，从不为自己辩解一句。

母亲甚至有一次把父亲从鬼门关拉了回来。

1916年，杨绛上初小三年级的时候，杨荫杭当时担任京师高等检察厅检察长，有人揭发时任交通总长的许世英涉嫌贪污渎职，杨荫杭二话不说，将许世英扣押了下来，且不准保释。此举等于捅了马蜂窝，连当时的国务总理段祺瑞都插了手，到最后，杨荫杭相当于孤身一人和整个京师官场作对，结果被暂停职务。他气愤不过，交了辞职信后，没等批准就黯然携眷南归。

到了无锡后，杨家租赁了沙巷裘家的一宅房子，站在木桥上就能看见河。一家人都特别爱吃"炝虾"，做法类似于醉虾。先将刚从河里捞出来的活虾，洗干净后倒上葱椒酱油，还可以加一点白酒，然后放进有盖的碗中，盖好腌一阵就能吃。吃的时候，有的虾还是活蹦乱跳的，据说这样做出来的虾肉质鲜嫩，鲜香爽滑，美味无比。

小杨绛不敢尝，因为发现虾还在跳。

不知道是因为生吃河鲜中了毒，还是因为水土不服，一家人除了小杨绛之外都病了。父亲病得尤其厉害，高烧不退，胡话连篇，说满床都是鬼。他留过学，只信西医，当时无锡只有一个西医，每次上门诊视就抽一点血，取走一点大便，再送到上海化验，几周后才诊断是伤寒。

在此之前，唐须荌不顾丈夫反对请来一位中医，给他一把脉就断定是伤寒。

伤寒在20世纪初是种相当可怕的病症，唐须荌的二女儿就死于伤寒，她这次无论如何都不想看着伤寒再夺走自己的丈夫。

杨荫杭的病来势汹汹，很快就有缠绵不起之势，当地的医生束手无策，有位名医甚至拒开药方。万般无奈之下，连“叫魂”的法子都用了，可还是没什么用。杨绛记得父亲病危时，来探视的亲友无不叹着气说：“要紧人啊！”也就是养家人的意思，当时杨荫杭不仅要养自己一家八口，还要养老家的母亲和大嫂子一家，以及三弟留下的妻子儿女。事后杨绛设想过，倘若父亲真有不测，自己没有钱念书的话，只有去做女工了。

当所有医生都放弃的时候，唐须荌不愿意放弃丈夫。杨荫杭的老友华实甫是当地一位有名的中医，他上门来探视时，唐须荌请求他“死马当作活马医”，华实甫听了着实不忍，便大着胆子开了药方。她费尽心思把中药伪装成西药，杨荫杭病得迷迷糊糊地都吃了下去，总算退了烧。为了给丈夫补养身体，她把自己陪嫁时的珍珠都磨成粉，装进西药胶囊里，哄丈夫吃下。

就这样，被称为“死马”的杨荫杭终于捡回了一条命。亲友医生都觉得这是奇迹，而这个奇迹，完全是唐须嫈坚持不放弃才创造的。

杨荫杭回报给妻子的，则是似海深情。

他早年在日本留学时，听说妻子临产，赶忙请了假回国探视，赶到家里的第二天，长女寿康便出生了。那次他因假期有限，在家仅匆匆待了一周，唐须嫈却深感丈夫对自己情深义重，视为生平得意之事。

他知道妻子爱看旧体小说，便特意买来大字抄本八十回《石头记》，怕字太小的话她看了会伤眼睛。这本书后来成了唐须嫈的枕边书，放在床头，每晚睡前看一会儿。

他有次路过珠宝店，见里面有一对浑圆硕大的珍珠，心想买回去给妻子镶耳环一定好看。进店一问，发现价格昂贵，有点怕妻子说他乱花钱，但他最终还是买了回去。后来杨绛还见妈妈戴过，比她之前戴的珍珠耳环大得多，果然很漂亮。

他在官场上桀骜不驯，犯起牛脾气来谁也不服，人送外号“疯骑士”，在妻子面前却服服帖帖，从不乱发脾气，连句重话也不曾说过。据杨绛回忆，从小到大，没听到他们吵过一次架。

比不吵架更难得的是，父亲和母亲无话不谈，有许多共同语言，平常相处就像老朋友一般。在小杨绛眼里，他们谈的话真多，“过去的、当前的，有关自己的、有关亲戚朋友的，可笑的、可恨的、可气的……他们有时嘲笑，有时感慨，有时自我检讨，有时总结经验。两人一生中长河一般的对话，听来好像阅读拉布吕耶尔的《人性与世态》……我父亲辞官后做了律师。他把每一件受理的案子都详细向我母亲叙述：为什么事，牵涉什么人，等等。他们俩一起分析、一起议论。那些案件，都可补充《人性与世态》作为生动的例证”。

当小杨绛惊讶于父母之间怎么会有如此多的话可谈时，可能没有想到，若干年后，她和另外一个人，也将拥有“长河一般的对话”。他们的对话，将“人性与世态”演绎得同样入木三分。

父母的相处模式对子女影响极大，子女成家之后，会不知不觉地模仿父母的相处方式。父母相亲相爱，便是给子女最好的礼物。杨荫杭与唐须嫈之间这种互相尊重、相知默契的关系，让杨绛和她的兄弟姐妹们感觉到：原来夫妻之间也可以像朋友一样相处，原来夫妻关系可以如此自然和谐。

很多年以后，钱锺书盛赞杨绛是“最才的女”“最贤的妻”，其实最应该感谢的，是他的岳父岳母。父亲，是杨绛人生中的第一位偶像，促她与文学结缘；母亲，则是她人生中的第一位榜样，教她如何做一名贤妻。

不读书，一星期就白活了

若你以为小阿季从小就是个凝重严肃的小大人，那就想错了。杨绛在父母面前是很乖巧的，可在学校的时候也有淘气的一面，和老师顶嘴、上课开小差这种事都干过，还曾经做过“孩子王”呢。当然，总的来说她仍是个乖学生，多数时候很好管束，偶尔顽皮，也只是出于孩子的天性，性格并不叛逆。

她出生在北京，儿时的绝大多数时光都在京城度过。那时她三个姐姐都留在南方读书，只有她成了“独养女儿”，难免有点唯我独尊，第一次见到三姐，就命令她说“叫声季康官嘛”，三姐生气地回答“我为啥叫你”。

小时候的杨绛长得面团团，胖乎乎，十分可爱。她在女师大附小读书时，三姑母杨荫榆正好在女高师任“学监”。

可能是看在姑母的面子上，女高师的学生经常过来带她去玩，带她荡秋千、跳绳，有一次演戏时还将她借去扮演“花神”，把她满头的牛角小辫盘在头顶，插满了花，衣服上也贴满金花。

成年后，杨绛对这段出风头的经历记忆犹新，但她并不觉得这是自己特别可爱的缘故，谦虚地表示全是沾了三姑母的光。

她在女高师附小一直读到初小三年级，然后正逢父亲闹了扣押交通总长的风波，在北京官场待不下去了，父亲便带着他们一家老小回到了无锡老家。对在北京生活的日子，杨绛没太多回忆，只是后来偶尔和人打招呼时还能说一口京片子。

回无锡后因父亲重病，母亲无暇管儿女，就把她们姐妹几个都送到了离家最近的大王庙小学读书。

那一年，杨绛 8 岁，正是刚刚记事的时候。她在大王庙小学仅仅待了半学期，但这所学校给她留下的印象分外生动。

这学校顾名思义，是由一座大王庙改成的，之前供着什么大王，谁也说不清楚。学校十分简陋，全校四个班八十多个男女同学都挤在一间课堂中，除了校长外，只有一个老师，学生们背后都叫他“孙光头”。“孙光头”没什么学问，教科书上有一课“子曰，父母之年，不可不知也……”他向学生解释说“子曰”就是“儿子说”。他脾气暴躁，总是爱拿教鞭打人。杨绛倒是从来没有挨过打，但她总担心别的同学挨打。

和同学们相比，杨绛虽然年纪小、个头小，胆子却挺大。学校有一棵大槐树，下午太阳西斜，将树影隔窗映在东墙上，留下一道淡黑的影子。女生们都说那是鬼，吓得躲出去。杨绛坚持认为那是树影，不是鬼，为了证明自己是对的，还故意用脚去踢那黑影。女生们吓得把她也看成了鬼。

父亲病好之后，觉得大王庙小学太差，想给孩子们转学。正好杨绛的大姐杨寿康在启明女校教书，愿意带着两个妹妹去启明上学。母亲唐须嫈因为二女儿在启明读书时患伤寒去世，不大放心让杨绛出外求学，毕竟她才 10 岁。她为女儿准备了一口小箱子，问女儿是否打定主意了。杨绛回答说愿意去，眼泪却流了下来，那是依恋母亲的热泪。

母亲给了她一块崭新的银圆，她用大姐给的细麻纱红花手绢包起来，贴身藏着，直到银圆被捂得又暖又亮，也舍不得用。

启明女校在当时是著名的洋学堂，和大王庙小学比起来气派多了，一间英文教室就比整个大王庙小学还要大。这里的课程设置也相当洋化，学生们除了要学中文、英文、算术、格物（物理）等课程外，还要学体操、绘画、掐琴（弹琴）等。因为是教会学校，老师都是修女，孩子们称她们为“姆姆”。

两个姐姐都很忙，杨绛要学的第一课就是生活自理。她要自己穿衣服、洗漱、编小辫、洗手绢、洗袜子，这些都不算难。

最困难的是铺床，得先把帐子拾掇好再撩上床顶。她个子矮，只得把凳子忽而搬到床头，忽而搬到床尾，上上下下好几次，才能把帐子搭得整齐。收拾好帐子再铺床，她为了把床铺好，要绕着床前床后走好多次，一直等到床两边垂下同样宽的边才罢手。

大家都夸她床铺得整齐，杨绛听了心里很高兴。她做什么事都喜欢做得一丝不苟，连洗脸的毛巾都要洗得白白的。她又好强，不愿意向两个姐姐求助，力求自己的事情自己完成。

按照学校的规矩，学生们每天吃完饭后，都可以去花园中自由玩耍，叫作“散心”。一开始杨绛最怕散心了，因为同学们都三三两两，唯有她孤孤单单。好在她很快找到了一个朋友，这个朋友比她大一岁半，个子也高些，性格开朗活泼，两人一同“散心”，朋友还教会了她荡秋千。

在启明女校，淘气的小孩被叫作“小鬼”。杨绛刚进学校时，经常淘气，也属于“小鬼”的行列。

有一天英文课上，杨绛和朋友在课堂上讲话，上课的姆姆很生气，罚她“站壁角”。杨绛心里很不服气，认为两个人说话，为什么单罚她一个人，于是不肯面向墙壁站好，而是对着班上同学哇哇大哭。老师让她回座位，她却不听，依然哭个不停。最后是校长礼姆姆过来哄她，还用自己的手绢给她擦眼泪，她才停止哭泣。

那个一起讲话的朋友始终陪着她，跟在她后面，她觉得这位朋友挺仗义的。

还有一次，姆姆们带着孩子们到私家花园去玩耍时，一个孩子一不小心陷进了泥塘里。孩子们向姆姆求助，姆姆却不肯理，说“没志气的孩子让她去”。杨绛一听急了，不顾姆姆的反对，急忙跑到泥塘边发号施令，让那个沾了一腿泥的同学把外面的泥裤子剥下来，只穿里面的裤子，又叫穿了两双袜子的同学脱下一双给她。

一群小鬼见她调度得当，仗义出手，都很佩服，拥戴她为“大王”。起初杨绛也很得意，后来觉得和小鬼们玩挺无聊的，但仍然和她之前的朋友一起玩耍。

入校不久后，杨绛每门功课都很优秀，顺利升了班次，颇受姆姆们的宠爱。一位体操老师尤其喜欢她，称她为“Baby”，教体操的时候，总是叫她在全班同学面前做示范。小鬼们把姆姆喜欢的孩子叫作“Darling”，杨绛是好几个姆姆的“Darling”。一位依姆姆也尤其钟爱她，有次教中文的邹先生布置一篇作文，题目叫作“惜阴”，杨绛写道：“古之圣贤豪杰，皆知惜阴。”依姆姆看了之后，到处夸赞说：“小季康明悟好来！（好得很的意思）”

在启明一共生活了三年多，杨绛对这段岁月颇难忘怀，日后常常向钱锺书提起。钱锺书听得津津有味，连说好玩，并劝她写下来。直到 2002 年她才提笔写了《我在启明上学》，那个时候她已经是 91 岁的老人了，回忆起那段往事来，宛如穿越时光回到了童年，字里行间洋溢着童真童趣，让人读了忍不住会心一笑，深知她在启明那几年过得确实很快乐。

杨绛的大姐在启明念书，后来又留在启明当老师，深受教会学校的影响，一心想当修女。杨荫杭知道后，担心杨绛在那待久了，也会受影响，在三姑母杨荫榆的建议下，杨绛转学去了苏州振华女校。

初到振华，杨绛对这所校舍简陋、看起来破破烂烂的学校十分失望。她曾说："由上海启明转学入振华，就好比由北京师大附小转入了大王庙！"

振华女校的老师开始对这位学生也并无好感，尤其是教语文的一年级老师"大老王"。他觉得这位女学生发育不良，生得个子矮小，看起来不像一个中学生，倒像是小学生坐错了教室。杨绛写作文时写到了去游园时带了"糖一包"，"大老王"没好气地批评她说："你倒不说带五香豆一包！"

杨绛个子不高，行为也较同学幼稚，时有淘气的行为。在马老师的语文课上，她偷偷拨弄古琴，还弹出了声音来。还有一次，她在课堂上吹绒球玩，乐得笑出了声。校长王季玉有点重听，在耳朵里插了根小管助听，杨绛看了，马上偷偷模仿她，在自己耳朵里插了个铅笔套。王季玉又好气又好笑，叫她：“戆大！”

这位校长却特别喜欢杨绛，说她聪明，有灵性，每天和她同桌吃饭时，总会将家里带来的菜肴分给她吃。杨绛各科程度参差不一，为了迁就她，王季玉校长总是把课程表的有关科目调来换去，以避免她在各班上课的时间发生冲突。

杨绛在启明是优等生，到了振华第一学期的期末考试，语文只得了六十分，因为振华的标准是六十五分才及格，所以等于不及格。父亲一贯认为考一百分的都是低能，倒是不以为意，认为长大些就好了。

到了下个学期，杨绛果然就长进多了，不再像小孩子那样贪玩，而是贪读书，在她小小的心里，没有什么事比读书更好玩。她喜欢读诗词小说，中外的名著都读，生病时没去上课，就躺在床上读狄更斯的《大卫·科波菲尔》。当时流行的冰心散文和苏曼殊的小说她也全读了，升入高中后，有次读到李煜的词，喜欢得不行，就找了他所有的词来读。父亲笑她“喜欢辞章之学”，其实他自己最爱读的就是杜甫诗，每过一阵，就对女儿说：“我又把杜甫的诗读了一遍。”

父亲有一次问她：“阿季，三天不让你看书，你怎么样？”

“不好过。”

“一星期不让你看呢？”

“一星期都白活了。”

父亲笑着说："其实我也一样。"

杨绛升入高中后，语文老师也命学生作诗。有一次孙伯南先生的大考试卷上就是要求作诗，她作了两首五古。

《斋居书怀》

其一：

松风响飕飕，岑寂苦影独。

破闷读古书，胸襟何卓荦。

有时苦拘束，徘徊清涧曲。

俯视溪中鱼，相彼鸟饮啄。

其二：

世人皆为利，扰扰如逐鹿。

安得敖游此，翛然自脱俗。

染丝泣杨朱，潸焉泪盈掬。

今日有所怀，书此愁万斛。

孙伯南先生在试卷上批了"仙童好静"四个字。杨绛那时年少，未必体会得到诗中的"愁万斛"是何滋味，多年后重读少作不禁莞尔一笑。中国人喜欢说诗为心声，这两首旧作虽然还有稚嫩的痕迹，却不难看出作诗者高出流俗的胸襟以及对隐士生活的追慕。

从视读书为最大爱好后，杨绛一生都和诗书做了闺中伴。

她曾经写过一篇文章，把读书比作隐身的“串门子”——“要参见钦佩的老师或拜谒有名的学者，不必事前打招呼求见，也不怕搅扰主人。翻开书面就闯进大门，翻过几页就升堂入室，而且可以经常去，时刻去。如果不得要领，还可以不辞而别，或者另找高明，和他对质。”在杨绛看来，这是“书以外的世界里难得的自由”。

如此爱好读书，学习成绩自然突飞猛进。物理老师布置了习题，班上同学大多都抄她的作业，英文课前同学们都查字典，唯有她看看书就上课去了，用不着查。更重要的是，读书让她敏于思考，从而有了自己的判断，不会人云亦云。班上同学推选她去街头演讲，她在父亲的鼓励下，公然向学校说不想去。她天性对政治毫无兴趣，这时已经展露出这方面的迹象。

语文课上，马先生讲到“白马，非马也”，她反驳说：“不通，就是不通，假如我说‘马先生，非人也’，行吗？”引得同学们一阵哄笑。

中学时代的杨绛还是很乐于发展各方面能力的，她当过高中部长，做过英文会长、演讲会长，还担任过学生自治会的会计，同学们美其名曰“财政部部长”。这个财政部部长可不是什么好差事，每次收上来的铜板都脏兮兮的，堆了一床。幸好整洁的杨绛却乐在其中，认为这对拓展自己的能力有益。

在振华，杨绛由一个小萝卜头长成了豆蔻年华的少女，学了很多本领。我们已经隐隐能从这个少女阿季的身上，看到日后那个杨绛的影子。爱读书、性娴静、有主见、不喜政治，这些构成杨绛性格的特质已经开始显露出来了。

振华和启明不同的是，允许学生走读，所以杨绛有了更多和家人相聚的时间。那几年，父亲在苏州庙堂巷买了一栋有花园的大房子，母亲在杨绛到上海读书时又生了小妹妹杨必，家里的兄弟姐妹更多，也更热闹了。

每到夏日，花园里绿荫如盖，爸爸妈妈带着孩子们坐在树底下乘凉，母亲教孩子们辨认天上的星星，这是牛郎星，那是织女星，还有北斗七星……凉风习习，将一家人的笑语声传得很远很远。

那是杨绛记忆中最美的夏日。那时候，双亲健在，手足和乐，她青春年少，完全不谙愁滋味。她后来回忆说："在庙堂巷，父母姊妹兄弟在一起，生活非常悠闲、清静、丰富、温馨。庙堂巷的岁月，是我一生最回味无穷的日子。"

立志要趁早

大学时代是至关重要的，往往奠定了一个人今后的事业方向。杨绛的大学生活丰富多彩，只是有两桩遗憾的事，一是没有去到向往的大学，一是没有读到向往的专业。

1928 年 6 月，杨绛只用了五年时间修完了振华女中的六年中学课程，得以提前毕业，免试保送东吴大学。其实她一心想读的是清华，可惜那年清华不到上海来招生。第二年，和她同班的好朋友蒋恩钿等人考上了清华，杨绛深以为憾，觉得早知如此，还不如晚一年毕业。

进入东吴一年后，她就面临着分科的问题。杨绛那时候少年心性，一心想学一门“有益”的专业。东吴最强的两个专业是医学预科和法学预科，她考虑过做律师，可父亲看透了国内司法腐败的怪状，坚持反对她学法律。她后来听了南丁格尔的故事，又想学医，可上生物实验课时要活剥螃蟹的壳，她都下不了手。一次同学偷偷带她去医院看做外科手术，她看了之后，当时是没有晕倒，但后来整整两个星期吃不下肉。这样看来，她也并不适合学医。

关键时候，还是父亲鼓励她喜欢什么就学什么，不用考虑有益无益。杨绛于是选了文科，可惜东吴没有文学系，她只得进了政治系。

很多大学生其实都面临着这样的问题：高考放榜后，没有被第一志愿的大学录取。进入大学后，又没有如愿读上最想读的专业。这种情况下，应该怎么办呢?

杨绛在东吴的做法对如今的大学生尚有借鉴意义，她虽然心有遗憾，却并没有因此消沉，而是振作精神，学好每一门学科。她中英文俱佳，是学校里著名的“笔杆子”，东吴大学 1928 年英文级史、1929 年中文级史均出自她的手笔。

瘦瘦弱弱的她，居然还是东吴的“排球女将”。在和外校举行的排球比赛上，两队正打成平局，她用尽力气，握着拳头奋力一击，排球“砰”的一声落地，她为学校排球队赢得了至关重要的一分，鼓舞了士气，最终东吴获胜。后来她看到电视上的排球赛，总忍不住得意地说：“我也得过一分！”

她在东吴还认识了一个重要的朋友——周芬。周芬和她性情相近，都是衣着朴素、性格文静的优等生，两人同进同出，长得都很清秀，成了东吴大学中一道不得不看的风景。杨绛朋友不算特别多，但交了哪个朋友，往往就是一辈子的朋友，周芬就和她维持了终生的友谊。

杨绛不属于那种特别用功的学生，从不头悬梁锥刺股，甚至从不开夜车。可她领悟力高，记忆力好，学习时既认真，又有股机灵劲儿，到了大学三年级的时候，她的功课成绩（包括体育）全是一等。全校仅仅有三个“纯一等”，她就是其中之一。

她对政治实在没什么兴趣，读的是政治系，却不问政治且远离政治，对当时学生们热衷的闹学潮之类从不参与。除了上课外，她将大量时间花在了学校的图书馆里，以博览群书为乐。古今中外的经典书籍她看了个遍，希腊悲剧、弗洛伊德心理学等都是在那个时期开始接触的。这个时期，她对外语产生了浓厚的兴趣，读了大量的外文原版书，还跟着一名比利时洋夫人学习法语，这为她后来从事翻译工作奠定了良好的基础。

善于自学是杨绛性格中的一大特质，她有随遇而安的一面，但对于真正喜欢的事物从不放弃，执着追求。她逐渐认识到：“最喜爱的学科并不就是最容易的。我在中学背熟的古文‘天下一致而百虑，同归而殊途’还深印在脑里。我既不能当医生治病救人，又不配当政治家治国安民，我只能就自己性情所近的途径，尽我的一份力。如今我看到自己幼而无知，老而无成，当年却也曾那么严肃认真地要求自己，不禁愧汗自笑。不过这也足以证明：一个人没有经验，没有学问，没有天才，也会有要好向上的心——尽管有志无成。”

“幼而无知，老而无成”当然是她自谦的说法，不过杨绛这段体悟对于当今的年轻人仍有启发：首先，立志要趁早，人年少时得有要好向上的心；其次，最喜爱的学科并不就是最容易的，确定了喜欢的目标后，就得矢志不渝地努力。

杨绛这一生，对于读书写作，从来都孜孜不倦，真正做到了孔子所说的“造次必于是，颠沛必于是”。

大学时代的杨绛，在东吴是很引人注目的。她身材娇小，进校时梳个娃娃头，一张孩儿面，脸上的皮肤白里透红，两颊、鼻子都莹光闪闪，颊上像涂了胭脂，嘴唇像点了唇膏，天生的皮肤好。连苏州太太见了都忍不住称赞说：“噢哟，花色好得来！”

因为长得像个洋娃娃般稚气可爱，又姓杨，同学们暗地里称杨绛为“洋囡囡”。东吴大学的校刊甚至刊登出了一张图片，上面是杨绛的头像，底下是一堆洋娃娃。由此，“洋囡囡”之名红遍全校。

“洋囡囡”甫一进校，惊艳了不少男生。有人专门为她作了十首旧体诗，其中有一句是“最是看君倚淑姊，鬓丝初乱颊初红”。形容杨绛倚着同学沈淑的样子，她脸上红晕隐现，娇羞无限，令人想起李清照词中那位“和羞走，倚门嗅青梅”的闺中女子。

宿舍里姐妹晚上开卧谈会，一位女同学发表言论说，杨绛具备男生追求女生的五个条件，因为她相貌好、年纪小、功课好、身体健康、家境好。杨绛听了，窘得只好躲进被窝里装睡。

据说她当时才貌冠群芳，追求者有七十余人，因此被戏称为“七十二煞”。后来她写小说《洗澡》时，还把这个传闻写到了里面，说书中的“标准美人”杜丽琳读书时追求者就多达七十二人，恰合孔门七十二弟子之数。对此，杨绛晚年对吴学昭自述往事时解释说：“没有的事。从没有人给我写过情书，因为我很一本正经。我也常收到男同学的信，信上只嘱我‘你还小，当读书，不要交朋友’，以示关心。”

这些以示关心的信背后，是否也透露出写信者对她异乎寻常的关心？可能是杨绛比较严肃，又不和男生亲近，所以他们即使心有好感，也不敢明目张胆地在信中示爱。只是有一次，一个男生假装喝醉了，塞给她一封信。她连忙把信还给他说：“你喝醉了，信还给你，省得你明天后悔。”那男生酒醒后特意向她赔礼，两人照常做朋友。

那个年代的女大学生物以稀为贵，追求者都相当多。比杨绛大一岁的张兆和在中国公学大学读书时，不少男生给她写情书，她把这些情书编为“青蛙1号”“青蛙2号”“青蛙3号”……看完就放在抽屉里，也不回。收到老师沈从文的信，她愣住了，看完后还是没有回。二姐张允和见了取笑说，这大约只能排为“癞蛤蟆13号”。

杨绛的处理方式较为温和，不管是对那些写信叮嘱她“不要交朋友”的男生，还是对酒后塞信给她的男生，她都彬彬有礼，既保持了一定距离，又从不让人难堪。除了一个叫作朱雯的男生，他总是说她“太迷人了”，又写了一篇《杨朱合传》，登在校内一张小报上。杨绛觉得他有些过火了，大学四年都没理睬过他。

众男生对着这样庄重自持的“洋囡囡”，心欲亲近而不得。这时候，一个愣头青对他们说：“我跟杨季康是老同学了，早就跟她认识，你们追她，得走我的门路。”杨绛听了后哭笑不得，回应说：“我从13岁到17岁的四年间，没见过他一面半面。我已经从一个小鬼长成大人，他认识我什么啊。”

此君正是费孝通，后来成为著名的社会学家，著有《乡村经济》等书。他和杨绛自幼相识，杨绛在振华女中读书时，他母亲和王季玉校长很熟，怕儿子去了别的学校受人欺负，便让他读了女中。

费孝通和杨绛在振华都算年龄小的，两人年龄相仿，起初还常在一起玩。可后来杨绛觉得他呆头呆脑的，很多女生会玩的游戏他都不会，就不再找他玩了。费孝通脑子活，算术特别好，老师教四则运算题时，杨绛做不出来，老师就让费孝通解答。相比之下，杨绛不禁对这个小鬼有了隐隐的敌意。

有一次老师教土风舞，费孝通跟杨绛排在后面，他不肯跳，杨绛就笑他："我们都是女生，你来干什么？"还有一次，她特意在沙地上给他画了一个胖嘟嘟、嘴巴老闭不拢的丑相，画好后故意问他："这是谁呀？"费孝通知道画的是他，憨笑着没有回答。

费孝通在振华只念了一年就转学了，后来两人都跳了一级，在东吴相遇时成了同班同学。两人的关系还不错，有一次很多同班同学出游，给杨绛留下了美好的回忆。多年以后，杨绛仍然记得这次出游的场景："一次，大家摇船到青阳地看樱花，天微雨，抬头是樱花，空中是飞花，地下是落花，很美。"同游者有费孝通、孙令衔、沈福彭、沈淑、周芬等人。

费孝通思想活跃，也爱读书，在读书方面称得上杨绛的"益友"。杨绛在东吴时，费孝通介绍了不少新书给她看，比如冯友兰的《中国哲学史》、弗洛伊德的心理学著作、房龙的《我们生活的世界》等。

他和杨绛颇有缘分，从振华、东吴到清华都做过同学，在他心目中，可能将这位幼时好友当成了"意中女友"。晚年他在思想改造运动的交代材料上写："我向上爬，是因为女朋友看不起我。"又在报纸上发表过一篇文章，称杨绛是他的初恋。

杨绛看到报纸后辩解说："费的初恋不是我的初恋。"

为什么对同样的一段关系，两个人的看法会完全不一样？可能是因为他们之间一直以朋友相处，费孝通从未向杨绛表白过。在他看来，他和杨绛从小一起长大，关系也挺融洽，不用挑明就一切尽在不言中了。而在杨绛看来，这完全是他一厢情愿，他既然都没有示过好，她又如何开口拒绝？

那个年代的人太过含蓄，卞之琳和张充和之间也闹过这样的误会。诗人卞之琳苦恋才女张充和，几乎成了当时文学圈内公开的秘密。多年后，和朋友兼学生苏炜谈到这段"苦恋"，张充和说："这完全是一个无中生有的故事，说苦恋都有点勉强。我完全没有和他恋过，所以谈不上苦与不苦。"他精心写给她的那些信，可能有上百封，她看过就丢了，从来没有回过。她以为这样的态度已经很明确了，可他还是坚持不懈地给她写信。当苏炜问她为什么不跟卞之琳说清楚时，张充和回答："他从来没有说请客，我怎么能说不来。"

这两段故事中，当事人表白和拒绝的方式都太过委婉，以至于流传成了美丽的误会。

东吴的大学生涯很快就过去了。其间，杨绛有过出国留学的机会，那时振华的校长王季玉为她申请到美国卫斯理女校的奖学金，学费全免，她自己只需负责旅费和生活费。杨绛一来不忍增加父亲的负担，二来去卫斯理也只能修政治学，并不符合她的兴趣，于是便婉言辞谢了王季玉校长。

杨绛向往的一直是清华大学，大四第二学期，东吴闹学潮停课，开学无期，她得到父亲的允许后，决定去北京找一所大学借读。这一北上，不仅圆了她的“清华梦”，还促成了一桩旷世良缘。

在清华借读的那个学期，她拿到了东吴大学政治系的毕业文凭，但她终其一生，都没有成为一个热爱政治的革命者，而是走上了文学和翻译之路。她在很年轻的时候，就已经明确了一生的志向，且从未动摇过。

第二卷

今夕何夕，见此良人

阿季的脚下拴着月下老人的红线呢，所以心心念念只想考清华。

民国年间，被称为“神仙眷属”的夫妻并不少。他们之中，有的后来不幸成了怨偶，比如曾被称为“富春江上神仙侣”的郁达夫和王映霞，后来闹得以离婚告终；有的一方的光芒被另一方盖住了，比如沈从文和张兆和，张兆和其实也有才华，但最终为丈夫的盛名所掩。

像钱锺书、杨绛这样两个人齐头并驾，同享盛名的夫妻，在文坛上实属罕见。他们执子之手，与子偕老，相携走过半个多世纪的风风雨雨，给浮躁而多变的现代人婚姻以莫大的启示。

理想的婚姻应该是什么样子？在我有限的见识中，觉得就应该是钱锺书和杨绛那样，志趣相投，心性相契，平淡相守，共度一生。

古月堂前 一见倾心

1932 年 3 月，早春的北京乍暖还寒，清华园内古月堂前的蔷薇含苞待放，尚未吐露芬芳。

这样一个平平常常的春日，两个年轻人在古月堂前相遇了。认识他们的孙令衔介绍说“这是杨季康”，又介绍另一位“这是我表兄钱锺书”。两人略一点头，算是打了个招呼，便匆匆地告别了。

他们的初见，远远不像很多诗人形容的那样惊心动魄，而是相当寻常，甚至连一句话也没有说。谁也没想到，就是这样一次再普通不过的相遇，成就了一段传奇的姻缘，因而有了辉映现当代文学史的双子星座。

人们喜欢把钱杨的相遇归结为缘分。缘，的确妙不可言，早了一步，或者晚了一步，他们都有可能会失之交臂。可每一份所谓奇缘背后，也往往凝结着当事人不为人知的努力，若不是杨绛锲而不舍地向往清华大学，也不会有古月堂前的那番奇遇。该相逢的人总会相逢，因为当你们朝着一个方向努力时，总会有交会的一瞬间。连母亲唐须嫈都打趣说："阿季的脚下拴着月下老人的红线呢，所以心心念念只想考清华。"

杨绛心里一直有个"清华梦"，她曾经说："我生平最大的遗憾就是没有上清华本科。家人和亲友郑重其事地为我选大学，恰恰选了一所对我不合适的大学。我屡想转清华，终究不成，命也夫。"

她至少有两次和清华本科擦肩而过：一次是从振华提前毕业，被保送到东吴，恰好那年清华不在上海招生，翌年才招；还有一次是1930年暑假，在好友蒋恩钿的陪同下，她到上海交通大学报考清华转学，已拿到了转学证，却因陪护患了重病的大弟弟，错过了考期。

杨绛大四的时候，东吴闹学潮，她邀了周芬、孙令衔等人一齐北上，原本是打算去燕京大学借读的，且通过了燕大的考试。她去清华探访好友蒋恩钿，蒋见了她很高兴，劝她说，既然来了京城，不如去清华借读。杨绛听从了好友的劝说，她一直憧憬着能到清华来读书，现在做不了正式的学生，做个借读生也好啊。

初次进清华探好友那次，同来的孙令衔正好也到这来见表兄。他的那位表兄，不是别人，正是钱锺书。钱锺书送孙令衔到古月堂门口，杨绛正从里面出来，恰好遇见了。

他们之间从未见过，但相互之间都听说过对方。钱锺书考清华时，数学只有十五分，校长罗家伦出于爱才之心，破格录取了他。大学时代的他年少气盛，未免有几分恃才傲物，常在校刊发表文章，言辞犀利，早已名闻清华。杨绛早就听蒋恩钿提起过，班上有一位叫钱锺书的同学，如何学识渊博，如何聪明颖悟。

谁知道一见之下，发现这位著名的才子穿着一件青布大褂，脚下踏着一双毛布底鞋，鼻子上架着一副老式大眼镜。才子们不乏外表风流倜傥的，如诗人徐志摩便是如此，钱锺书却是典型的书生长相，杨绛形容为“蔚然而深秀”。后来，有人问杨绛钱锺书年少时可“翩翩”，她觉得初见时他的样子一点都不“翩翩”，可出于淘气，故意说：“我当然觉得他很翩翩。”

至于钱锺书呢，人到中年尚忘不了第一次见面时杨绛的容光，在写给她的七绝十章中称赞道：

缬眼容光忆见初，
蔷薇新瓣浸醍醐。
不知洗儿时面，
曾取红花和雪无？

钱锺书写诗好用典故，杨绛后来解释说，诗中的三四句就用了北齐洗儿歌的典故，说的是春天用红花、白雪给婴儿洗脸，能让孩子长大脸色好看。在他看来，杨绛皮肤光洁白皙，脸晕朝霞，如同蔷薇粉白轻红的花瓣浸在醍醐之中，容色如此姣好，不禁让人联想到，也许是幼时用红花、白雪洗了孩儿面吧？

杨绛认为自己并没有诗里描写的那么美，这纯粹是钱锺书情人眼里出西施。她为人毫不自恋，从来都不觉得自己生得美。很多年后，有人为钱锺书作传，她还特意写信声明："我绝非美女，一中年妇女，夏志清见过我，不信去问他。情人眼里则是另一回事。"

令钱锺书印象深刻的，当然不仅仅是杨绛的容颜。多年以后，一向和他很"哥们儿"的女儿钱瑗曾好奇地问他："爸爸，你倒说说，你是个近视眼，怎么一眼相中妈妈的？"钱锺书笑答："我觉得你妈妈与众不同。"钱瑗再追问是怎么个与众不同，他就只笑不回答了。

尽管是第一次相遇，但细说起来两人幼时还有些渊源。当时父亲杨荫杭携家眷回无锡，父母带着小杨绛去流芳声巷看房子。其时，钱锺书家正租住那所房子。那是杨绛第一次登钱家的门，不过并没有见到钱锺书。这还是许久后，两人说起往事，才发现居然幼时已有过这样奇妙的前缘。

两人初次相见，彼此印象都不错，都向孙令衔打听过对方。孙令衔是费孝通的好朋友，知道好友对杨绛的心思，于是对钱锺书说，她已经有男朋友了。对杨绛则说，钱锺书已经订婚了。

钱锺书连恋爱都没谈过，怎么会有已订婚的传闻呢？原来叶恭绰的夫人看中了他，想把养女叶崇范许配给他。双方家长都很乐意，两个年轻人却都不同意。那位叶崇范小姐是个有史湘云做派的豪爽姑娘，读书时曾经打扮成男孩子的模样，从学校溜出来，骑着自行车在街上游玩。她食量大，半打奶油蛋糕或者半打花旗橙子都能一顿吃完。有一次养母带她去逛永安百货，让她等候片刻，她一口气吃了三十个冰激凌。人们根据她名字的谐音，送了她一个外号叫“饭桶”。

杨绛初见钱锺书，不禁想起这位“饭桶”小姐来，觉得她的淘气做派和面前这个温文尔雅的书生并不合适。事实上，各花入各眼，叶小姐另有一位做律师的意中人，依她的个性，兴许还嫌钱锺书太文弱了。

钱锺书虽然从表弟处得知杨绛已有男朋友了，可还是将信将疑，想找她当面问问，于是便给她写了一封信，约她在清华工字厅相见。

这一次，他们分别坐在一张大桌子的边角处。刚坐下，钱锺书就急急地解释说，孙令衔所说的并不是事实，“我并没有订婚”。杨绛也告诉他，“我没有男朋友”。

两人相视一笑，都放下心来。他们之前都没有谈过恋爱，因此分外珍重这次会面。要紧的话说了之后，一时也舍不得走，就拣些无关紧要的闲话继续说着。钱锺书说起最近常失眠，杨绛就介绍了一本神经学方面的著作给他。

这在常人眼里，算得上是一见钟情吧。可杨绛晚年回忆往事时说：“人世间也许有一见倾心的事，但我无此经历。”

细想起来，钱锺书对杨绛兴许是一见倾心，杨绛对他却慢热了些。他们之间的一切，都发生得自然而然。自然而然地遇见，自然而然地通信，彼此间没有试探，也没有兜圈子，而是从一开始就敞开心扉，坦诚相待。

工字厅一别之后，钱锺书开始给杨绛写信，两人通信都用英文，信里面都是在介绍新近又读了什么书，有什么感想，并无一字涉及男女情爱。钱锺书还把他的第一篇散文《竹马》寄给杨绛看，文章是用英文写的，杨绛颇为欣赏，觉得他文法和用词都很好，他也称赞她的英文信写得好。

朋友式的通信持续了一段时间，钱锺书的信越写越勤，甚至达到了一天一封的程度。清华寄信又方便，校内有邮筒，当天就能收到信。有时杨绛和蒋恩钿、袁震等好友出外散步，知道屋里肯定有封信在等着自己，那份期待让她慢慢意识到，自己是不是爱上了写信的这个人。

除了写信，钱锺书也常到古月堂来约她出去散步。一开始，两人不走小路，经常去气象台，气象台前有宽宽的台阶，可以坐下来闲聊。这种闲聊也是朋友式的对话，一次，钱锺书跟她说：“我志气不大，只想贡献一生，做做学问。”

对许多有志于救世济民的人来说，这样的志气着实不算大。杨绛却觉得很对她的脾胃，她是政治系的毕业生，但对政治毫无兴趣，唯一感兴趣的是躲进小楼成一统，自由自在地读书。

就是在一封封信件、一次次闲聊中，两颗心越靠越拢。谈到为何会爱上钱锺书，杨绛在100岁时曾撰文写道：“我与钱锺书是志同道合的夫妻，我们当初正是因为两人都酷爱文学，痴迷读书而互相吸引走到一起的。”

这种基于共同志趣建立的关系特别牢固，一对男女刚刚相爱时，往往特别激情，当激情消散后，志趣是否相投就显得特别重要了。没有共同志趣的人会觉得相处下去越来越索然无味，拥有共同志趣的人则永远都会有话说。

杨绛曾说，夫妻间最重要的是朋友关系。而她和钱锺书，正是从知心朋友慢慢发展成亲密爱人的。在生于民国的诸多才子佳人中，也有不少惹人艳羡的伉俪，比如杨步伟和赵元任。但要论性情相契，几乎找不到比钱锺书和杨绛还要投机的，他们在出身、爱好、志趣、性格等各方面都十分接近，要说区别的话，可能钱锺书更露锋芒，而杨绛更蕴藉。

相处了一段时间后，他们常去散步的气象台，有个学生不幸触电身亡，于是他们开始走上了情侣常走的荷塘小道，两人也开始像情侣了。

这对后来被当成“天作之合”的情侣，一开始并不怎么被人看好，第一个持反对意见的自然就是费孝通了。

杨绛与钱锺书互剖心迹之后，给费孝通写了一封信，告诉他：“我有男朋友了。”费孝通素来以杨绛的保护人自居，心中不服，于是专门跑到古月堂来找她理论。他认为，自己更有资格做她的男朋友，因为他们已做了多年的朋友。在得到杨绛明确的拒绝后，他又提出：“我们做个朋友可以吗？”

杨绛回应：“朋友，可以。但朋友是目的，不是过渡；换句话说，你不是我的男朋友，我不是你的女朋友。若要照你现在的说法，我们不妨绝交。”

费孝通不得不失望而归，他倒是通情达理，后来还和钱锺书做起了朋友。1979 年中国社会科学家访美，同行的人中就有费孝通和钱锺书，他们还住在同一个套间。钱锺书每天为杨绛写下访美生活的详细日记，费孝通见他只给女儿寄信，不给夫人寄，还主动送钱锺书邮票，让他给杨绛寄信。其实钱锺书写那些日记，是留着回国当面交给杨绛的。钱锺书心中感动，又有些好笑，觉得费孝通和他很像《围城》中的方鸿渐和赵辛楣，是对“同情兄”。

当时，反对杨绛与钱锺书交好的人还真不少。杨绛同宿舍的好朋友袁震，天天给她吹冷风，说钱锺书不但长相不佳，为人也太过狂妄自大。杨绛儿时的好友孙燕华，恰好是那位“饭桶”小姐的亲戚，也在她面前不停地说钱锺书目中无人，骄傲自满。杨绛听多了钱锺书的坏话，总是一笑了之，觉得钱锺书并不像他们说得那么糟。

钱锺书这边呢，也被人吹过冷风。杨绛选修了温源宁教授的《英国浪漫诗人》，测验的时候她由于缺乏西方文学的基础，不得不交了白卷。温源宁视钱锺书为得意门生，眼见得这位门生居然找了这样一个交白卷的女朋友，实在看不下去，认为杨绛肯定是脑内空空，便劝钱锺书说：“pretty girl（漂亮女孩）往往没头脑。”但钱锺书认为杨绛这个“pretty girl”聪慧又可爱，已经坠入了情海，听不进老师的劝告。

那个学期的期末，钱锺书放假就回家了。他给杨绛写信说，想订婚，又叮嘱她留在学校一两个月，好好补习，争取考入清华研究院，那么两人还可以再同学一年。他走了之后，杨绛感到很难受，而且难受了很长一段时间。等到冷静下来，她发现自己已经“fall in love（坠入爱河）”了。

从古月堂偶遇至今，才不过短短数月，杨绛也不禁诧异，觉得他们之间的感情发展得太快了，他们相处的时间那么短，她何以思念他如此深切呢？可感情的深浅，从来都和认识的时间长短没有关系。人类总是被那些和自己有着相同特质的人深深吸引，相似的灵魂哪怕只有一瞬间的交集都会产生火花，所以古人才有“白头如新，倾盖如故”的说法。

杨绛后来写的小说《洗澡》中，就描写了这样的情境：许彦成与姚宓认识没多久，“觉得彼此间已有一千年的交情，他们俩已相识了几辈子”。这是灵魂与灵魂之间的相互认可，这一幕常让我联想起宝黛初见。钱杨偶会，对于两个有着相似灵魂的人来说，能够相遇已经是最大的幸运。在旁人看来，他们的相遇再平凡不过，只有当事人才知道，那一刹那是多么惊心动魄。

只爱过一个正当最好年龄的人

在钱杨的情事中，一开始钱锺书是占绝对主动地位的，他主动约杨绛出来，主动给她写信，主动要求订婚，好比房子着了火一样热情。

杨绛呢，毕竟是女孩子，要矜持一些，没那么急切。她回信委婉地表示：不能接受订婚的要求。至于钱锺书提到的让她马上报考清华研究院，她觉得自己还没准备好，得等到下年，补齐了清华本科四年所需要的知识才行。

一学期的借读生涯结束后，杨绛回老家了，一位亲戚介绍她去上海工部局华德路小学任教，每个月薪水 120 元，称得上是个“金饭碗”了。杨绛原以为小学教员很清闲，刚好有空补习功课，于是欣然赴任。到那儿第一件事就是去了学校的图书馆，把她认为重要的书通读了一遍，这成了她日后的习惯。

杨绛去了之后才发现，当小学教员不仅要上课，还要充当“老妈子”，连给小孩子系裤带这种事都要干。她忙得脚不沾地，偏偏这个时候钱锺书还寄信过来，一个劲地要求她这年就投考清华研究院。杨绛工作忙碌，无暇申辩，索性就不回信了。

这下钱锺书慌了，以为杨绛从此以后都不理他了，伤心之下，也不敢再写信去，而是悄悄作了许多伤心的诗。其时正逢秋天，是最易哀感相思的季节，这些诗句缠绵悱恻，字里行间一片伤情。

钱锺书一生写给杨绛的信不知有多少，可惜大多没保存下来。倒是他写的这些情诗，有不少流传下来了。来看看这些诗，可以想见他当年感情受挫时有多伤心：

缠绵悱恻好文章，粉恋香凄足断肠；
答报情痴无别物，辛酸一把泪千行。

此诗简直像苏轼评秦少游贬至郴州所作之词，感情不加节制，化凄婉为凄厉，“辛酸一把泪千行”之句，确是断肠人语。

良宵苦被睡相谩，猎猎风声测测寒；
如此星辰如此月，与谁指点与谁看。

望月怀远一直是中国人的传统，所谓“情人怨遥夜，竟夕起相思”。钱锺书此诗，情致婉转，用语清新，可以想见，秋月渐明之夜，他却孑然一身，难免会思念远方的意中人。可惜意中人着实可恨，连封信也不来，于是便有了下面这首诗：

依穰小妹剧关心，髫辫多情一往深；
别后经时无只字，居然惜墨抵兼金。

诗中所说的“别后经时无只字，居然惜墨抵兼金”，显然是指见不到杨绛的信。杨绛不像钱锺书那样爱写信，有一次他忍不住问起了她，她回答说：“我不爱写信。”钱锺书没再说什么，照写不误，只是心里未免有几分薄薄的委屈。后来他写《围城》时，还念念不忘这段往事，书中的唐晓芙也不爱写信，这点和杨绛如出一辙，都着实令喜欢上她们的男人苦恼。

钱锺书毕竟是个书呆子，又是第一次恋爱，实在没什么经验。他不敢像民国其他那些才子一样，一封一封滚烫的情书寄出去，死皮赖脸地求意中人接受他。民国时的男作家们一个比一个会写信，一个比一个情话写得好。钱锺书尚在失意的时候，湘西才子沈从文已经凭他那些写得绝美的情书，征服了张家三小姐的心。

同样是情书，沈从文把情话写得像诗一样美妙，看看这些句子：

“我行过许多地方的桥，看过许多次数的云，喝过许多种类的酒，却只爱过一个正当最好年龄的人。”

“如果我爱你是你的不幸，你这不幸是同我的生命一样长久的。”

“求你将我放在你心上如印记，带在你臂上如戳记。我念诵着雅歌来希望你，我的好人。”

……

还有一个情书圣手是朱生豪，正是他写的那些情书，让他和宋清如的佳话流传至今：

“我愿意舍弃一切，以想念你终此一生。”

“世上一切算什么，只要有你。”

“要是世上只有我们两个人该多么好，我一定把你欺负得哭不出来。”

“我一天一天明白你的平凡，同时却一天一天愈更深切地爱你。你如照镜子，你不会看得见你特别好的所在，但你如走进我的心里来时，你一定能知道自己是怎样好法。”

……

这样炽热甜蜜的表白，钱锺书是写不出来的。他骄傲惯了，受了女朋友的冷落，也只会一个人对着明月，苦吟“如此星辰如此月，与谁指点与谁看”。不过各花入各眼，以杨绛蕴藉含蓄的性格，估计也欣赏不了“求你将我放在你心上如印记”这般炽烈直白的情话，还是钱锺书那些委婉的旧体情诗更适合她。

钱锺书暗自伤怀了好久，最后和他们都熟的蒋恩钿看不过去了，劝他与其在家里写诗，不如直接写信给杨绛。

那段时间，杨绛虽然没回信，心里却一直挂念着钱锺书。收到他的信后，发现写得特别诚恳，她很感动，便提笔回了一封信，由此两人又恢复了通信。钱锺书来信说清华研究院招生需考第三门外语，她听了连忙自学德语，花了三个月时间，居然能读懂德语名著《茵梦湖》。谁知后来考试时，清华临时公布只需考两门外语，幸好她的英文、法文功底都很扎实，还是考上了。

钱锺书的那些情诗，当然也没白写。1933 年，他将近年来的诗编成《中书君诗》，这是他最早的诗集，写给杨绛的那些情诗就全都收入其中，扉页上还专门题有“呵冻写与季康”。中书君是他早年的笔名，既和“锺书”谐音，又是笔的别称。杨绛还写过一副戏赠钱锺书的对联：中书君即管城子，大学者兼小说家。管城子、中书君在古时都代指毛笔。

杨绛在上海任教没多久，出了一身荨麻疹，便把“金饭碗”让给了一个亲戚，自己回苏州休养，并复习功课。杨绛告诉了大姐杨寿康她和钱锺书之间的事，母亲唐须嫈知道后，觉得还是听从父母安排得好，父亲杨荫杭则明白，女儿是个有主见的人，婚姻大事，必定不肯听旁人做主。

她写信邀请钱锺书来家见见父亲，钱锺书应邀前来。杨荫杭对他印象不错，评价说："人是高明的。"

这对翁婿彼此之间甚为相得，后来关系非常好。钱锺书对父亲钱基博有些畏惧，和岳父杨荫杭却相处得特别融洽。究其原因，可能是因为杨荫杭为人亲切，待子女较为宽厚。

杨荫杭欣赏钱锺书，则是因为同样是爱书成痴的读书人，彼此间惺惺相惜。他酷爱音韵学，喜欢将各个时代的韵书逐字推敲，杨绛幼时见了，笑父亲："爸爸读一个字、一个字的书。"

后来杨荫杭见到钱锺书抱着本大字典在啃，顿时感到找到了同类，乐得马上叫来杨绛说："哼哼，阿季，还有个人也在读一个字、一个字的书呢！"

钱锺书初次拜访之后，从杨绛那儿得知杨荫杭称他"人是高明的"，忽然开了窍，不待征求杨绛的意见，便央求父亲钱基博上门去提亲。

钱基博虽未见过杨绛，但对她印象很好。原来钱锺书与杨绛两人通信频繁，有一次，钱基博私自拆了杨绛的一封信，见信里写着："'毋友不如己者'，我的朋友个个都比我强。"老先生一看，此言"实获我心"。

在另一个版本的传说里，钱老先生拆开的那封信里写的是："现在吾两人快活无用，须两家父母兄弟皆大欢喜，吾两人之快乐乃彻始彻终不受障碍。"老先生赞曰"此诚聪明人语"。

到底是杨绛的哪封信打动了未来的公公？后来她猜想，多半钱老先生每信必拆，看得懂的都看了，还要和钱锺书的叔父议论一番。

不管最打动他的是哪一句话，最后的结果是，钱老先生亲自给杨绛写了一封信，在信里把儿子郑重其事地托付给了她。杨绛得信后大窘，问钱锺书该怎么回。钱锺书笑着说，不用回。杨绛之后觉得，钱老先生的这种做派，倒是大有《围城》中方遯翁之风，一样的名士潇洒，"迂"得可爱。

钱基博应了儿子之求，带着他一起到苏州登门拜访，还请了杨荫杭的两位好友作为媒人。杨荫杭还以为女儿早就答应了，匆忙间不知道如何应对，只得点头同意了。身为父亲，他虽然担心钱锺书尚未毕业，前途未卜，但他是个开明的爸爸，只要女儿喜欢，他自然不会阻拦。

两家在苏州一家酒馆里摆了几桌酒席，宴请双方的亲朋好友，就当替两人订了婚。回想起这次"订婚宴"，杨绛觉得颇有些滑稽。她说："明明是我把默存介绍给我爸爸，爸爸很赏识他，不就是肯定了吗？"

他们之间虽是新式的自由恋爱，却颠颠倒倒遵循了“父母之命，媒妁之言”。当天除了亲戚外，钱穆也在席，男女还是分席坐的。杨绛茫然不记得到底是怎么订的婚，只知道从此之后，她就是钱锺书的未婚妻了。

两人订婚之后，杨绛北上清华研究院求学。钱锺书那时已经毕业，应上海光华大学之聘，任英语讲师，月薪 90 元。钱基博和钱穆是同宗，关系很好，订婚宴后，他特意介绍未来儿媳给钱穆先生，约定乘同一趟车去，托他照顾杨绛。

这时钱杨二人又是两地相思，只是终身已定，钱锺书思念起未婚妻来，也不再“辛酸一把泪千行”。他写的信，也开始发挥其独有的“钱氏幽默”。杨绛放假在家时，他几乎每天都有信来，有一次落款自称为“门内角落”。门房赵佩荣百思不得其解，不得不问杨绛“门内角落”到底是什么意思。杨绛也答不出，去信问了钱锺书才知道，“门内”即 money（钱），“角落”乃 clock（钟），钱锺书一向喜欢玩这种文字游戏。得知他的用意后，全家大笑，俏媚眼总算没有白做给瞎子看。

那时候的师生都有春假，杨绛入清华研究院的那年 4 月，钱锺书特意赴京来看她。他以前只知道以读书为乐，在清华读了四年书，只去了香山和颐和园。杨绛则天性爱好游玩，在她的陪伴下，钱锺书这次也遍游了北京郊外名胜。

此时春光正好，两人携手同行，情话绵绵，自羡神仙不如。钱锺书以前每日埋头苦读，这次方知游玩之乐，他最欣赏的是玉泉山和玉泉潭。关于玉泉山的这次春游，他们两人都有唱和之作。杨绛的《玉泉山闻铃》描绘的是眼前之景，钱锺书作的《玉泉山同绛》则着眼在意中之人："久坐槛生暖，忘言意转深。明朝即长路，惜取此时心。"

有句话说，还没分离就已开始想念，倒是和钱锺书诗中所写的心境颇为类似。他和杨绛在玉泉山上相对静坐，一想到马上就将分离，便起了依依不舍之情，更加珍惜眼前的相聚了。

这一段短暂的聚会，给二人留下了甜蜜而美好的回忆。钱锺书有诗为证："分飞劳燕原同命，异处参商亦共天。自是欢娱常苦短，游仙七日已千年。"古人以遇仙为极乐，对于热恋中的中书君来说，与爱侣相会，心情之舒畅美妙，无异于一场游仙记。

都说诗为心声，这个时候钱锺书写的诗，已经一扫去年秋天的那种愁闷之气，笔端写不尽的只有旖旎，诉不完的只有依恋。那时他对月怀人，只觉得秋风秋雨愁煞人，如今却觉得春花春柳无限好。

从古月堂前初遇，到玉泉山上同游，时间只不过过去了短短两年。他们的爱情经历了最初的小小波折，已经变得越发深厚。他们之间，没有曲折离奇的遇合，也没有动人心魄的浪漫，从相遇到相恋、相知，一切都自然而然，水到渠成。他们相互之间理解得越多，相知就越深，感情也就越好。

爱情的果实已经成熟了，只待瓜熟蒂落。

最理想的婚姻是精神上的门当户对

1935 年 7 月 13 日，一场特殊的婚礼在苏州庙堂巷举行。这是那年里最热的一天，新郎新娘都穿上了正式的礼服。新郎穿的是黑色西装，因为太热，西装上的白色领圈给汗水浸得又黄又软。结婚照上，每个人都大汗淋漓，显得狼狈不堪，新人、伴娘、提花篮的小女孩、提婚纱的小男孩，一个个就像刚被警察拿获的扒手。

领圈被汗水浸透的那位新郎，正是钱锺书，而新娘自然是杨绛。他们对婚礼的那一幕都记忆犹新，钱锺书甚至把这写进了《围城》中。

那一年，钱锺书 24 岁，杨绛 23 岁。

他们原本不用赶在这个热死人的黄道吉日举行婚礼，急着结婚的缘故是钱锺书通过了出国留学的考试，想在此之前把婚礼办了，就能携眷一起出国。

1935 年春天，钱锺书教书快满两年，他报名参加了中英庚款留英考试。报名参考的有 290 人，应考人数有 262 人，但录取名额只有 24 人，钱锺书想读的英国文学只招一人。

很多人原本想报考英国文学专业，听说钱锺书报了考，便不再报名或者转报其他专业。钱锺书果然也不负众望，考分高达 87.95 分，在此次参考者中分数最高，成了唯一的英国文学专业录取生。

钱锺书第一时间将这个喜讯告诉了杨绛，并透露了想让她一起出国的愿望。杨绛当时在清华大学研究院尚未毕业，但是她考虑到钱锺书生活自理能力差，有自己陪同的话可以照顾他，便毫不犹豫地办理了休学。她当时没有任何国外学校的奖学金，所有费用只能自理。

其实，没能完成清华研究院的学业，杨绛终身都有些遗憾。因为提前休学，她总是被称为“清华肄业生”，而不是毕业生。但她自和钱锺书定了终身之后，总是把他的事情放在第一位，自己的事一律靠后。他们的婚姻延续了六十多年，这六十多年间，她事事都以他为先，心甘情愿，一如最初。

钱穆和杨绛一同北上时，见她只拎了一口小箱子，夸奖她说“我看你是个有决断的人”。杨绛问他：“何以见得？”钱穆回答说：“只看你行李简单，便知你能抉择。”不得不说，钱穆先生有一双能识人的眼睛。纵观杨绛生平，但凡碰到紧急重要的事，她总是当机立断，随机应变，善于做出自己最想做的抉择，对其余细枝末节一概不顾。像这次从清华休学就是如此，的确称得上“有决断”，她唯一放心不下的是渐已年老的父母。

父亲杨荫杭给她的印象一直是家里的顶梁柱，可就在1934 年暑假，她从清华回家度假时，父亲告诉她说：“阿季，爸爸闹了一个笑话。”原来他在最近出庭时，因为突然有点中风，一句话都说不出来。

杨绛想象着一贯威严的父亲在法庭上说不出话来的场景，伤心得泪盈于睫。父亲手头还有一个案件未了，他以前总是不放心让女儿帮他写状子，这次却开了口求助。杨绛帮父亲写好了状子，担心写得不好，会被责骂。结果他什么都没说，只是改了几个字。

父亲多年的律师生涯至此落下了帷幕，想起来，他不是不伤心的吧，所以才那样心灰意懒。

杨绛办完休学后，可以提前一个月回家。她来不及通知父母，便收拾行李乘了火车南下。

下午三点左右到了家，她最挂念父亲，把行李一放，就飞奔到父亲房里，嘴里喊着：“爸爸！”

奇怪的是，父亲杨荫杭像是早就知道她今天会回来，一掀帐子下了床，喜道："哦，可不是回来了！"

原来那天父亲和往常一样午休，即将入睡时，恍惚间觉得杨绛从北京回来了。他以为是在夫人房里，连忙跑过去问："阿季呢？"

母亲唐须荌觉得莫名其妙，说："哪儿来的阿季？"

父亲说："她不是回来了吗？"

母亲笑他太挂念女儿了："这会子怎么会回来？"

父亲只得继续回房午睡，翻来覆去正睡不着，忽见女儿从天而降，不禁开心地说："真有心血来潮这回事。曾母啮指，曾子心痛，我现在相信了。"

父女相聚，其乐融融，可杨绛一想到自己即将离开家乡，父母年迈，弟妹稚弱，还真是放心不下。杨荫杭知道女儿放心不下，便安慰她说，只管安心去国外学习，家里的事，他自然会安排，不用担心。母亲唐须荌则担忧女儿在家从来没有做过家务，去到人口众多的婆家，又如何应付得来，于是执意要杨绛带了她最得力的女佣阿增弟去，杨绛忙推说钱家那边有人可用，母亲才作罢。

其实知道女儿就要出嫁并远走他乡，做父母的又何尝舍得。举行婚礼的前两天，杨家按照当地规矩举行"小姐宴"（相当于"离娘饭"），摆了一桌酒请杨绛的姊妹、女戚、女友。

杨绛记得很清楚，那晚正是阴历六月十一，天上挂着大半个月亮，半圆不圆。姊妹们和家里的女亲戚团团地坐满了一桌，屋里张灯结彩，大家说说笑笑。在无限的热闹中，她想到以后不能时时和父母姊妹相见，心里难过得连一口菜肴也吃不下去。

按风俗父亲和母亲不能参加，他们留在卧室里面。后来杨绛想到，他们肯定也舍不得自己，说不定那时正在屋里相对落泪呢。

后来她只要见到阴历十一夜半圆不圆的月亮，就会想起那桌“小姐宴”，想到她和姊妹们热热闹闹地在外面吃酒席，父亲和母亲则坐在屋里，就会忍不住想哭。

“小姐宴”之后两天，就是他们的婚期。婚礼分两地举行，钱家杨家都办，钱家中式，杨家西式，有点传统和现代相结合的感觉，就像他们的恋爱一样，虽是自由结合，最后走的却是父母之命、媒妁之言的老路。

杨家这边的婚礼，由杨荫榆担任主婚人，杨绛的七妹妹是伴娘，孙令衔是伴郎，巧的是，孙后来成了七妹妹的丈夫。婚礼相当洋派，乐队奏《结婚进行曲》，新郎新娘不磕头，而是相对行三鞠躬礼，交换戒指。

遗憾的是，那天实在太热了，所以连新郎新娘在内，在场的每个人都汗如雨下，又热又累。

举行完这场婚礼后，一对新人马不停蹄地乘车赶到无锡钱家，以便进行下一场婚礼。钱基博是很保守的，所以钱家的婚礼是完全按照传统来的。杨绛记得，那天磕了无数个头，拜完长辈，又拜祠堂的祖宗，还得进厨房拜灶神。她倒不觉得苦，只是担心新派的父亲知道她结个婚得磕这么多头，还不知道有多心疼呢。

这还只是她进钱家的第一关，到了“三朝”（结婚第三天）的时候，无锡当地依古时风俗新嫁娘须“三日入厨下，洗手做羹汤”，钱家的人将她带进厨房，让她完成入厨的仪式。幸好不要真的入厨，只需将鱼拎起来，放进半锅沸油中就行。杨绛战战兢兢将鱼头顺着锅边，把鱼溜入了锅中，暗自庆幸不用真的煎鱼。

由于两场婚礼来回奔波，天气又太热了，新郎新娘都被折腾病了。定好“双回门”的那天，他们病得起不来，母亲唐须嫈摆了一席酒，白等了一天。

又过了十天，杨绛身体恢复了些，这时钱锺书已经去南京接受出国培训了，钱老先生安排女儿陪她一起回门。这位小姑子因为父亲喜欢新嫂子，一点都不肯配合。杨绛哄了她一番，才算哄得她乖乖肯去。

回到娘家，父母殷勤接待，十分高兴。那时杨绛身上起了疹子，母亲说疹子都长在要害处，要去看一位当地名医才行。可惜时间紧张，那位名医开的药还没用完她就得走了。临走前，细心的母亲特意送了她两篓水蜜桃，叮嘱她遍送长辈后，自己也别忘了尝尝鲜。杨绛不忍辜负慈母的心意，吃了两个蜜桃。

她万万没有想到，这是她最后一次见到母亲。母亲后来死于战乱之中，那时，她正在大洋彼岸。这是杨绛心中的一件大憾事，晚年提起来仍垂泪不已，认为自己没能在双亲跟前侍奉，对不起父母。

当她和钱锺书乘火车离开无锡前往上海，去搭乘前往英国的邮轮，火车经过苏州站停在月台时，她忽然泪如雨下，感觉到父母在想念自己。她恨不得从火车上跳下来，可是火车却把她带向了远方。

她原是父母生命中的女儿，现在却成了钱锺书生命中的杨绛，相伴走过下半生的，将是身边的这个人。

这次出国，是钱锺书和杨绛第一次携手远行。从那以后，他们恪守着执子之手、与子偕老的古老誓言，风雨同行，荣辱与共，从未松开过彼此的手。

世人提起钱杨联姻，总说他们珠联璧合、门当户对。杨绛自己晚年却说："其实我们两家，门不当，户不对。他家是旧式人家，重男轻女。女儿虽宝贝，却不如男儿重要。女儿闺中待字，知书识礼就行。我家是新式人家，男女并重，女儿和男儿一般培养，婚姻自主，职业自主。"

按照钱锺书父亲钱基博的意思，这个儿子孩子气，没正经，本意是想给他娶一房严肃的媳妇，把他管制得服服帖帖的。杨绛这种“洋盘媳妇”进了门，在旧式的钱家是不太合适的。

钱老先生曾经提出，杨绛结婚后就不用出去工作了，在家里做个贤妻良母就行。杨荫杭听了，不高兴地表示：“钱家倒很奢侈，我花这么多心血培养的女儿给你们钱家当不要工钱的老妈子！”

新旧两种观念碰撞得如此厉害，说起来还真是“门不当户不对”了。杨绛倒是安之若素，她由宽裕的娘家嫁到寒素的钱家做“媳妇”，一进门就三叩九拜，一点没有“下嫁”的感觉。她认为，叩拜不过跪一下，礼节而已，和鞠躬没多大分别。如果男女双方计较这类细节，那么趁早打听清楚彼此的家庭状况，不合适不要结婚。这个观点，对于那些执着于要有一个完美婚礼的女孩子来说，不啻是醒世恒言。

嫁入钱家之后，杨绛侍奉公婆，善待家人，最终赢得了公婆的心。公公赞她能“安贫乐道”，他问杨绛的婆婆，他身后她愿跟谁同住，婆婆答：“季康。”杨绛觉得，这是婆婆给她的莫大荣誉。

杨绛婚前在家是个娇小姐，嫁到钱家后有了落差，在抗战时期一度生活艰难，成了“老妈子”。这种身份上的转换，可能很多女孩子都接受不了，她却觉得再自然不过了，一点都不感到委屈。说到原因，她说：“为什么？因为爱，出于对丈夫的爱。我爱丈夫，胜过自己。我了解钱锺书的价值，我愿为他研究著述志业的成功，为充分发挥他的潜力、创造力而牺牲自己。这种爱不是盲目的，是理解，理解愈深，感情愈好。相互理解，才有自觉地相互支持。”

男女结合究竟是否一定要门当户对？杨绛100岁的时候，曾在答记者问时说：“我是一位老人，净说些老话。对于时代，我是落伍者，没有什么良言贡献给现代婚姻。只是在物质至上的时代潮流下，想提醒年轻的朋友，男女结合最最重要的是感情、双方互相理解的程度，理解深才能互相欣赏、吸引、支持和鼓励，两情相悦。我以为，夫妻间最重要的是朋友关系，即使不能做知心的朋友，也该是能做得伴侣的朋友或互相尊重的伴侣。门当户对及其他，并不重要。”

她和钱锺书便是如此，尽管两个家庭一新式、一旧式，一优裕、一寒素，从表面上看起来门不当户不对，但重要的是，这对夫妻在精神上门当户对。在长达六十多年的婚姻里，他们除了生活上的相濡以沫之外，更有着精神上的相知相契。他们志趣相投，性情相契，进退一致。他们是夫妻，也是最好的朋友。

钱锺书在《围城》中将婚姻比作围城，城外的人想进来，城里的人想出去。可他和杨绛却是例外，有一次，杨绛读到英国传记作家概括最理想的婚姻：“我见到她之前，从未想到要结婚；我娶了她几十年，从未后悔娶她，也未想过要娶别的女人。”把它念给钱锺书听，钱当即表示，“我和他一样”，杨绛答，“我也一样”。

关于爱情，这是我听过的最朴素却又最动人的表白。

外一篇：清华园里才初显

杨绛一直以来的愿望就是去清华大学就读，她曾经说过，在她待过的众多学校里，她最喜欢、最有感情的就是清华。

1933 年暑假，她到上海交通大学参加清华研究院的入学考试，学校临时宣布第三门外语免试。她特意花了三个月学德语，法语因此生疏了不少。幸好功底在那儿，她还是被录取了。

那年秋季，杨绛和钱穆先生一起北上。车子经过蚌埠后，车窗外景色荒凉，一片连绵不断的土墩子。她正感到无聊时，听见钱穆先生说："此古战场也。"他兴致勃勃地指点给她看，说这里可以安营，那里可以冲杀。眼前的土墩子顿时变得鲜活起来，《吊古战场》描绘的场景，随着他的讲述而历历在目。那是杨绛第一次知道，原来历史可以给地理染上颜色。

这次重赴清华和上次不同，上次她还是个借读生，现在却成了清华研究院外国语文学部一位名正言顺的研究生。

对于杨绛来说，清华最吸引她的地方就是图书馆了。她曾经专门写过一篇文章叫《我爱清华图书馆》，说："我在许多学校上过学，最爱的是清华大学；清华大学里，最爱清华图书馆。"她觉得自己大学读的是政治系，不是科班出身，因此更加用功，唯恐露怯。

清华图书馆的确很气派，墙是大理石的，地是软木的，书库地上铺着透亮的厚玻璃，可以望得见楼下的光。清华图书馆的藏书在国内也是名列前茅的，阅览室四壁都是工具书：各国的大字典、辞典、人物志、地方志等等，要什么有什么。

嗜书如命的杨绛一进入清华图书馆，便如小蜜蜂入了花丛，不知疲倦地采撷着。她曾把读书比作"串门儿"，借书看，只能去一家"串门儿"，而站在图书馆书库的书架前任意翻阅，就好比有无数道大门向你敞开，可以随意出入，这是唯有爱书者才知道的乐趣。她介绍说，钱锺书最爱的也是清华图书馆。

除了图书馆外，清华一流的师资也给了杨绛亲炙名师的机会。当时，梁宗岱给学生讲法国文学，吴宓讲的是中西诗比较，吴可读教英国小说，朱自清教一门名为"散文"的课程，王文显则教外国戏剧等课程。

王文显是著名的戏剧家，在教书的同时，还进行戏剧创作。在他的影响下，清华涌现出很多话剧方面的人才，如曹禺、李健吾、洪深等人，杨绛后来走上戏剧创作的道路，也离不开李健吾等人的引领。

梁宗岱上法国文学课时，第一堂课是听写。他看完试卷，当场点了“杨季康”的名，夸她听写拿了满分，知道她的法文基本是自学的后，更是赞不绝口，称她的发音特别纯正。梁先生提问，别的同学答不上来时，他就叫杨绛回答，而她总是答得很好。

吴宓在当时已经是名家，他素来赏识钱锺书，曾专门写诗称赞钱的才华：“才情学识谁兼具？新旧中西子竟通。大器能成由早慧，人谋有补赖天工。”他在清华教过钱锺书外文，上完课后，总是谦虚地问：“Mr.Qian 的意见怎么样？”旁人说钱锺书如何骄傲，他笑道：“Mr.Qian 的狂，并非孔雀亮屏般的个体炫耀，只是文人骨子里的一种高尚的傲慢。这没啥。”还说自古人才难得，当今文史方面的杰出人才，老一辈中数陈寅恪，年轻一辈中当推钱锺书，“其余如你我，不过尔尔”。

因此杨绛对他也存了亲近之心，有时还会代未婚夫给他递信。

吴宓一生为情所困，常自比为《红楼梦》里的贾宝玉。他上课的时候，常把自己苦恋毛彦文的事作为“反面教材”来说，来听课的学生把过道都挤满了，因此他一度成了众口谈笑的话柄。上“中西诗比较”时，他也会讲起那些以自己情事为题材的《落花诗》《忏情诗》。

杨绛曾回忆这位先生说：“我听到同学说他傻得可爱，我只觉得他老实得可怜。当时吴先生刚出版了他的《诗集》，同班同学借口研究典故，追问每一首诗的本事。有的他乐意说，有的不愿说。可是他像个不设防城市，一攻就倒，问什么，说什么，连他意中人的小名儿都说出来。”

她素来敦厚，不禁替同学们感到惭愧，替老师感到不安，觉得他们不应该这样去作弄一个痴情的老实人。

巧的是，吴宓的女儿吴学昭，后来因机缘巧合，竟成了杨绛的朋友，并提笔撰写了《听杨绛谈往事》一书。

杨绛的文学创作则要归功于另一位老师——朱自清。当时，朱自清已经是卓然成家的散文名家，《背影》《荷塘月色》等散文脍炙人口。朱自清上散文课的时候，认为学生哪篇文章写得好，就让作者当堂朗读给同学们听。他上第一堂课时，让学生们自由习作，杨绛交了一篇名叫《收脚印》的文章。

在江南，有这样一个说法，人死之前，都会沿着这一生走过的路再走一次，称为“收脚印”，也就是临终前对一生的总结和回顾。

在文中，杨绛写道：

听说人死了，魂灵儿得把生前的脚印，都给收回去。为了这句话，不知流过多少冷汗。半夜梦醒，想到有鬼在窗外徘徊，汗毛都站起来。其实有什么可怕呢？怕一个孤独的幽魂？

假如收脚印，像拣鞋底那样，一只一只拣起了，放在口袋里，捎着回去，那么，匆忙地赶完工作，鬼魂就会离开人间，不过，怕不是那样容易。

每当夕阳西下，黄昏星闪闪发亮的时候；西山一抹浅绛，渐渐晕成橘红，晕成淡黄，晕成浅湖色……风是凉了，地上的影儿也淡了。幽僻处，树下，墙阴，影儿绰绰的，这就是鬼魂收脚印的时候了。

……

灯灭了，人更静了。悄悄地滑过窗下，偷眼看着床，换了位置么？桌上的陈设，变了么？照相架里有自己的影儿么？没有……到处都没有自己的份儿了。就是朋友心里的印象，也淡到快要不可辨认了罢？端详着月光下安静的睡脸，守着，守着……希望她梦里记起自己，叫唤一声。

……

整篇文章清新自然，细致入微，由江南的一个传说写起，凭空设想人死后的魂灵如何一点点收脚印，洋溢着淡淡的感伤。其中的哲理意味，令人想起陶渊明的名句“亲戚或余悲，他人亦已歌”，其实岂止是他人，文中连朋友对逝去者的印象，都慢慢变得淡了。

对魂灵、遇仙等超自然的现象，杨绛其实一直都很关注，所以她晚年所写的《走到人生边上》，才会有那么多关于灵魂是否不灭之类的思考。

老实说，和张爱玲、萧红那种一出手就个人风格明显的作家相比，杨绛这篇处女作虽然可圈可点，但还是和她后期的作品无法相提并论。作家分为两种，一种是出手就让人惊艳的早慧型天才作家，比如张爱玲，小小年纪就写出了《天才梦》，而和杨绛同龄的萧红在1935年已发表了成名作《生死场》，年方24岁；一种则是大器晚成的修炼型实力作家。毫无疑问，杨绛属于后者，她的文章好比沉香，经过生活的磨炼和岁月的沉淀后，才会更加香远益清，沁人心脾。

考虑到她当时只有22岁，作为一名女学生的习作来说，还是相当不错的。朱自清慧眼识珠，一眼看出了这位学生身上埋藏着文学创作的潜质。他课后找到她说："你这篇作文，写得不错。我拿去给你投稿。"

那篇文章后来发表在1933年12月30日的《大公报·文艺副刊》上，编辑是沈从文，作者署名用的是真名杨季康。那张报纸顿时在全班同学中传了开来，杨绛很开心，暗地里想"我当作家了"。

《大公报》给了她五元钱稿费，杨绛是个孝顺的女儿，拿到生平第一笔稿费，首先想到的就是报答亲恩。她花四元钱买了两斤绛红色的毛线，剩下的一元钱买了一盒天津起士林的咖啡糖。毛线经过她的巧手，精心织成了一条围巾，她把糖果裹在围巾里，打包一起寄给妈妈。

结果阿七、阿必两个妹妹淘气，把她织给妈妈的围巾给拆了，织成了别的东西。包在围巾里的咖啡糖也被两个妹妹偷吃光了，一颗也没有留。

第二个学期，朱自清又将杨绛写的《璐璐，不用愁！》推荐给《大公报》，这是杨绛创作的第一篇小说。写的是正值青春的女学生璐璐和两个男子之间发生了爱情纠葛。这篇小说后来还被收进了林徽因主编的《大公报文艺丛刊小说选》，钱锺书特意将此书翻阅一遍，评价说杨振声和杨季康两篇最好。

这个时候，杨绛已经身在英伦了。所得的15块稿费，被两个妹妹拿去给父亲买了一身好衣料。

如果继续留在国内，兴许杨绛会创作更多的文学作品，更早地步上文坛。但晚一点有晚一点的好处，这样的话，她就有了更多的时间来积累，能量积蓄得越多，就越能厚积薄发。

第三卷 赌书泼茶，岁月静好

赌书消得泼茶香，
当时只道是寻常。
他们此时，
都没有预料到后来会
经历那么多的
坎坷与风雨
如此静好的岁月
一去再也不复返。

钱锺书在《围城》中说，想要成为夫妻，结婚前的一次旅行是很有必要的。他和杨绛，刚刚结婚不久就远渡重洋，去往英国。幸运的是，他们不仅通过了长途旅行的考验，还通过了首次离家共同生活的考验。

留学期间，是两人最快乐的一段岁月，后来杨绛写《我们仨》，故事便是从大洋彼岸的阳光和迷雾中徐徐展开。国外三年，他们形成了相对固定的生活模式，并由此沿袭了一生。再来细数那段流金岁月中的吉光片羽，或许能让我们更加理解，杨绛为何对那段日子如此留恋。

赌书消得泼茶香

新婚夫妇有度蜜月的说法，而对于钱锺书和杨绛来说，他们在英伦生活的头一年，正是新婚燕尔、好得蜜里调油的时候，他们将蜜月足足延长了一年，成了“蜜年”。

1935 年 8 月 13 日，钱锺书和杨绛结婚刚满一个月，便从上海乘坐邮轮前往英国。下船后，他们先是在钱锺书的堂弟钱锺韩的陪同下到伦敦观光，然后再入牛津求学。

钱锺书入埃克塞特学院攻读文学学士之位，杨绛本来打算进女子学院研读文学，但攻读文学的名额已满，只能改修历史。由于她的兴趣还是在文学上，于是决定放弃攻读学位，在牛津旁听几门文学课程。

当时牛津很多留学生都穿一件黑布背心，背上有两条黑色飘带，满街穿着黑布背心的身影惹得杨绛艳羡不已，有失学儿童之感。作为旁听生，她只能穿着旗袍去上学。钱锺书也领了一件黑布背心，杨绛细心地将它保留了下来，六七年后还完整如初。这件珍贵的背心，后来由她捐给了国家博物馆。

牛津的假期特别多，别的学生每逢假期都会到欧洲各国走走，只有钱锺书和杨绛直到三个学期之后的暑假才离开牛津。

他们假期留在牛津干什么？答案是：读书。

用现在的话来说，这是一对特别“宅”的夫妻。对于他们来说，书里的世界远远比外面的世界更有吸引力，游山玩水虽有乐趣，但远不如在书中神游来得畅快。

牛津的总图书馆名叫 Bodleian Library，藏书多达五百万册，手稿六万卷，比清华图书馆规模还要大，藏书还要丰富，钱锺书将馆名译为“饱蠹楼”。这对爱书成痴的夫妻到了这里，宛如一对书虫钻进了书里，尽情饕餮，从不餍足。

钱锺书苦于要先完成功课，耗去了大量时间，不能随意阅读自己想读的书。杨绛恰好做了旁听生，可以肆意读书，真是不亦快哉。在东吴时，她学的是并不感兴趣的政治学，考入清华后，课程繁忙，来不及补习，直到进了牛津大学图书馆，满室满架的文学经典任她挑选，生平之快，莫过于此。

对于喜欢阅读的人来说，能有数不尽的好书供自己阅读，就是世界上最幸福的事。那一年，这对新婚夫妻寄居在老金家里，一日四顿包括下午茶都由房东提供，于是有了大量时间可以畅游书海。

他们从国内坐船来时，带的衣物不多，却随身带了一大箱子书，都是些诗、词、诗话等中国典籍，还带了笔、墨、砚台等。牛津图书馆的书随时可以借阅，他们还可以去市里的图书馆借书看，平均每两个星期就去一次，万卷在侧，所以不愁无书可读。

在很多人看来，读书是一件很苦且很乏味的事，所以中国人爱说“苦读”。可这对书虫夫妇，却视读书为一大乐事，而且通过自己的创意，让读书变成了一件很有趣的事。

他们会进行读书比赛，每读一本书都记下来，看谁读的书最多。到了 1935 年底统计结果，两个人读的册数基本相当，等于打成了“平手”。实际上杨绛耍了点“鬼聪明”，她把读到的小册子也算一本，而钱锺书只算了他读的大部头的书。她也承认自己有点“无赖”。杨绛怀孕生子那年，所读的书没有平常多，她颇以为憾。钱锺书笑她，既存了当贤妻良母的心，又想当女博士。

钱锺书的读书之多，学问之博，的确是骇人听闻的。他在清华学过德文、英文，留学时又自学意大利文、拉丁文。他语言上的天赋惊人，两人初到法国，同读福楼拜的《包法利夫人》，一开始他的生字比杨绛的多，一年以后，他的法文水平已远超于她。他胆子大，出外买菜用餐时，会趁机练习口语，因此法语说得流利。杨绛面皮薄得多，只敢和房东太太说说。

他们还常常玩背诗的游戏，还因此发现如果两人同把诗句中的某一个字忘了，那个字准是全诗中最欠贴切的字。杨绛认为："妥帖的字，有黏性，忘不了。"钱锺书爱作旧诗，曾经试图教妻子作诗，可杨绛说自己并不是作诗的料，后来就作罢了。她在读书时的诗文习作往往能拿优等，但她自谦说只不过是"押韵而已"。

他们常在一起交流"读后感"，喜欢读书的人每每读到一本好书，偶有所得，只恨眼前无人可以分享，钱杨夫妇却不会有这方面的遗憾。文学上的交流成了他们友谊的基础，交流既是乐事，也是趣事。

杨绛从小悟性高，自称有些小小的"歪学问"，她和钱锺书交流读书心得时，常常会有灵光一闪的念头。比如她有一次读到一个英国诗人的诗，发现意境正合苏东坡所作的"众星烂如沸"，还有一次读雪莱的诗，发现其中一句正好是"鸟鸣山更幽"的意思。这个观点启发了钱锺书，他后来写《谈中国诗》，就提到了中西诗不但内容常相同，并且作风也往往暗合。

可不要以为他们只读高深晦涩的学术类书籍，他们还有一大爱好，就是喜读侦探小说。钱锺书学了门古文书学，觉得苦不堪言，就会读部侦探小说“休养脑筋”，甚至连睡梦中都会手舞足蹈，仿佛梦见了小说中打斗的场景。那本他毫无兴趣的学科考试不及格，幸好只需补考就全部给及格。

杨绛则认为读侦探小说有两大好处，一是好玩，二是可以学习语言。她读完所有法国侦探小说，读其他法文作品就不用查字典了。恰好牛津有研究老庄的学者，有一架子的侦探小说，他们常去借阅。

杨绛酷爱读小说，遍读了英国名家的小说。她欣赏简·奥斯丁，认为奥斯丁的小说笔调轻快，人物鲜活，是难得的世情小说，其成就远在勃朗特姐妹之上，她后来还专门写了一篇文章，分析《傲慢与偏见》有什么好。杨绛自己写的小说，在笔调和刻画世情方面，看得出有受奥斯丁的影响。她更喜欢乔治·艾略特，认为其作品更有思想价值。

钱锺书看书，浑似猪八戒进食，食量甚豪，粗细不择。厚厚的字典，拿来就读，不入流的小书，也看得津津有味。他看了之后，还爱将书中的故事讲给杨绛听。他讲故事讲得很好，连比带画，绘声绘色，讲着讲着索性自己编了起来，只是讲完一桩事后，听故事的人必得“啊”一声，好比说书中的捧哏。杨绛有时很累了，还是耐着性子，不时地“嗯嗯啊啊”，以免扫了他讲故事的兴致。

读书之余，他们也有些消遣的活动。英国有喝下午茶的风俗，钱锺书的品行导师就常请他们去喝茶。久而久之，他们也学会了自制红茶：先把茶壶温过，每人用满满一茶匙茶叶，你一匙，我一匙，他一匙，也给茶壶一满匙。四人喝茶用五匙茶叶，三人用四匙。开水可一次次加，茶总够浓。

一贯以拙手笨脚自许的钱锺书居然都学会做红茶了，每天早上喝一杯又浓又香的红茶也成了他们终生保持的习惯。他们最喜欢喝印度出产的“立普顿”红茶，这茶说不定你也喝过，就是风靡全球的立顿红茶，大小超市都有出售。后来在国内买不到这种牌子的红茶，杨绛就发明了一种“三合红”茶叶，将三种上好的国产红茶按一定比例掺和在一起，滇红取其香，湖红取其苦，祁红取其色。

试想在牛津的时候，他们拉上窗帘，相对读书，读得累了的时候，就泡上一壶浓浓的红茶，一边品茶，一边玩玩背诗游戏，这样的场景，不禁让人联想起李清照和赵明诚赌书泼茶的故事。李清照和丈夫这对伉俪也爱玩“赌书”的游戏，其中一人说一件事，另一人则说在某书某页上，说对了就可以喝一杯茶。李清照每每猜对了，就会举杯大笑，以至于将茶泼在了衣服上。

钱锺书和杨绛，会不会也学李清照他们那样赌书泼茶？他们的性格要安静些，可能只会相对静坐，品茗读书。即使是这样，那也是很美好的午后时光。赌书消得泼茶香，当时只道是寻常。他们此时，都没有预料到后来会经历那么多的坎坷与风雨，如此静好的岁月一去再也不复返。

除读书饮茶之外，出外散步也是这对夫妇共同的爱好。他们将之称为“探险”，也就是杨绛说的“玩福尔摩斯”。他们走在路上，不仅仅是看风景，更是在观察世态人心。每遇到一个人，就会推测这个人是做什么职业的，今天遇到了什么事。钱锺书善于“格物致知”，每次都能猜得八九不离十，让杨绛甚是佩服。

他们的“探险”遍及附近各处：从寓所到海德公园；从动物园到植物园；从阔绰的西头到东头的贫民窟……即使走同样的路线，他们也能发现不一样的风景，因为人才是他们眼中的风景，每天路过的人不一样，所以风景也大不相同。

钱锺书性格中有相当诙谐的一面，常常做些搞怪的事逗杨绛笑。杨绛小时候唱过昆曲，这次来了英国，父亲寄给她一本《元曲选》，她就自己清唱过过瘾。钱锺书在旁边一边学她唱，一边插科打诨，自己笑得直打跌。他还作了一首四言诗给她，中有“欲调无筝，欲抚无琴”“咏歌不足，丝竹胜肉”之句。

他平常也爱和朋友打趣，向达是他们家的熟客，钱锺书有一次作了首很长的打油诗形容他，头两句是“外貌死的路（still），内心生的门（sentimental）”，朋友们捧腹大笑。

向达不以为忤地说好友："人家口蜜腹剑，你却是口剑腹蜜。"钱锺书很爱玩这种文字游戏，之后写的《围城》其实就是这种戏谑之作，但并不是每个人都会欣赏他这种略带刻薄的幽默感。他们只好和不相投的人都保持距离，所以来往的朋友并不太多。

后来杨绛回忆说，到伦敦的第一年，是她生平读书最多的一年，也是她最轻松快乐的一年。我见过一张她在友人花园中所拍的照片，照片中的她笑靥如花，是生平仅有的一张大笑的照片。

她和钱锺书着实快活，好像自己打造出了一个新的天地。

一位在留学期间见过他们的朋友钮先铭回忆说，那时候的杨绛剪着一个娃娃头，脸圆圆的，笑起来像个洋娃娃，他让她试作一首《鹊桥仙》，她拉着钱锺书的手，笑盈盈地说："我呀！只要和锺书朝朝暮暮相会就够了！"

在钮先铭的眼里，钱锺书学贯中西，杨绛也满身书香，简直是一对天上的仙侣、人间的鸳鸯，见了直让人感叹：只羡鸳鸯不羡仙。

你是世界上最好的

到牛津的第一天，钱锺书就吻了牛津的地。他下公交车时没站稳，脸朝地摔了一大跤，磕掉了大半个门牙。他用手绢捂住嘴走回去，杨绛见他满口鲜血，急得不知如何是好。幸好同寓的都是医生，教她赶紧带他去找牙医，拔掉残余的半枚断牙，再镶上假牙。

她之前就听钱锺书说自己“拙手笨脚”，这下总算是见识到了。她发现他穿鞋子分不清左右脚，系鞋带绑不了蝴蝶扣，拿筷子只会像小孩子那样一把抓，这些方面着实挺“笨”的，浑然没有他做学问时那个潇洒劲。

钱锺书之所以在生活上如此笨拙，一半是出于天性，另一半可能是因为小时候没有人给过他这方面的指导。他是无锡钱家的“大阿官”，可生下来后没多久，就被过继给了伯父。

伯父还算疼爱他，教他对着棉花打拳，带他上酒馆吃点鸭肫之类，哄他说是“龙肝凤髓”。伯父去世后，他就变成了没人疼的孩子。

伯母对他是不大关心的，每天早上由丫头热点馊粥给他吃了去上学。下雨天，弟弟们都穿皮鞋，他只有伯父的大钉鞋可穿，鞋子太大，只得在前面塞个纸团。写字的笔尖断了，他不好意思张口向伯母要，只好把毛竹尖削尖了蘸上墨水写，字迹模糊得无法辨认，又被老师责骂了一顿。幸好他浑浑噩噩的，并不觉得苦，有时还很淘气，比如把青蛙放进钉鞋里带到学校去玩。

生父钱基博是个很严肃的人，对这个长子爱之深，责之切，平常写信过来，只会在信中教他如何做学问，其他的并不多问。生母觉得既然将儿子过继给了别人，对儿子的事不敢过问太多，怕伯母会有意见。

对比下杨绛的童年，钱锺书的童年实在是苦得多，他自己也总感叹说：“你的童年比我的快活得多，我小时候的事，不想也罢，想起来只是苦。”

在他的成长过程中，缺乏一位慈母，这不能不说是一种缺憾。幸运的是，他娶的人是杨绛，她给了他小母亲式的温柔和关爱，填补了他童年的缺憾。钱锺书后来说她绝无仅有地结合了各不相容的三者：妻子、情人、朋友。其实她对于他来说，在这三者之外还有一个隐藏的身份——慈母。

在生活方面，他依恋她，就像幼童依恋母亲。他们有了女儿圆圆后，他也常常跟着圆圆喊她：“娘！”

杨绛本来也是个十指不沾阳春水的大小姐，嫁给他之后，心甘情愿承担起照顾他衣食住行的责任。大小姐摇身一变，成了小家庭的总管家兼老妈子。

一开始，他们住在老金家里，跟着老金一家吃饭。钱锺书有个“中国胃”，吃不惯英国的奶酪和牛排，对于英国人的饮食习惯，他写诗感叹说“嗜膻喜淡颉羹浑，夷味何能辨素荤”。再加上老金家的伙食越来越差，即使杨绛经常将能吃的省下一半给钱锺书，他还是渐渐饿得面黄肌瘦。

杨绛决定租一间带厨房的房子，可以自己做饭吃。钱锺书觉得反正两个人都不会做饭，不如将就着在老金家过算了。

杨绛心疼丈夫，于是就自己留意报纸上的租房信息，可惜没有合适的。一次，他们照例出去“探险”，在散步的途中，她发现高级住宅区有个招租广告。她壮着胆子去敲门，住在这里的是一位叫达蕾的老姑娘。她看了房子后很满意，钱锺书也很喜欢，称赞此处“绕庐密树缀疏花，经籁钟声绝世哗”。和达蕾小姐谈了租赁条件后，他们过了新年就搬过来了。

头一次过小家庭的生活，两人兴致都挺高的。新居有了厨房，他们就开始摸索着学做饭菜。首先试着做的菜是红烧肉，因为钱锺书爱吃。第一次做的时候，两个人守着锅，火一直开得很大，汤开了就往里面继续加水，结果做出来的红烧肉又咸又苦，完全没法下口。杨绛回想起母亲炖菜是用“文火”，再做时就换成了小火慢炖。英国没有无锡人做菜常用的黄酒，他们就用同样带甜味的雪梨酒代替，做好后一尝，味道居然还不错，成功了！

杨绛颇为自豪，觉得自己很有做家庭主妇的天分。她总结经验说：“搬家是冒险，自理伙食也是冒险，吃上红烧肉就是冒险成功。从此一法通，万法通，鸡肉、猪肉、羊肉，用‘文火’炖，不用红烧，白煮的一样好吃。”

从来没做过家务的她把这一切当成是冒险，玩儿似的学会了做饭。不是每次冒险都会像做红烧肉那样成功，杨绛最怵收拾活虾，她知道活虾得先剪去须和脚，可刚剪了一下，手中的虾就直抽搐。她吓得忙扔掉了剪子，对钱锺书说：“虾，我一剪，痛得抽抽了，以后我们不吃了。”钱锺书笑着跟她说，虾不会像人这样痛，以后就由他来剪。

杨绛有时也会嫌做饭浪费时间，忍不住异想天开，希望可以像仙人一样不用吃饭就好了。钱锺书不同意，说神仙煮白石，吃了虽然不饿，但多无趣啊。但他终究还是心疼妻子，幻想着能有仙人的辟谷方就好了，在诗中说“忧卿烟火薰颜色，欲觅仙人辟谷方”。

爱是需要学习的，跟着杨绛生活了一段时间，钱锺书慢慢也学会了体贴人。他们搬进新居第一天早上，杨绛还在睡觉，钱锺书已起床特意为她做早餐。平日里“拙手笨脚”的他煮了鸡蛋，烤了面包，热了牛奶，还做了醇香的红茶。睡眼惺忪的杨绛被钱锺书叫醒，他把一张用餐小桌支在床上，把美味的早餐放在小桌上，这样杨绛就可以坐在床上随意享用了。吃着夫君亲自做的饭，杨绛幸福地说：“这是我吃过的最香的早饭。”

他为她做了一辈子的早餐，后来有了女儿阿圆，则变成为她们母女俩做。

看到丈夫一天天长胖了，杨绛很开心。吃上了可口的饭菜，钱锺书也很开心，他一快活，就忍不住想淘气，有一次趁杨绛睡熟时，用浓墨给她画了个花脸。谁知道杨绛的脸皮比纸还要吸墨，洗了好久才洗干净。

换了别的妻子，丈夫如果这样胡闹，肯定会想，得用个什么法子，把他管教得规规矩矩才好。杨绛却不会，钱锺书爱淘气，她就随他去闹。钱锺书对生活事务一窍不通，她就将家里的活计全部包揽了。钱锺书偶尔闯点小祸，她就赶紧替他解决了。

她生孩子住院时，钱锺书不时带来“坏消息”：

我做坏事了，台灯弄坏了；

我做坏事了，墨水染了桌布；

我做坏事了，门轴两头的球掉了一个，门关不上了；

……

杨绛回应他的，总是轻描淡写的“不要紧”。钱锺书对她所说的“不要紧”十分信赖，因为刚到英国不久，钱锺书颧骨上长了个疔，杨绛安慰他说：“不要紧，我会给你治。”她从一个护士那儿学会了热敷，每过几小时就给他敷一次，没过几天那疔就连根拔掉了，一丝疤痕也没留。从那以后，钱锺书就格外信任她。

她出院后，果然将他闯的祸一一化解。从此以后，她的“不要紧”三个字成了他的定海神针，只要有她在，一切都不要紧。托庇于杨绛的处处不要紧，钱大才子得以安安稳稳地读他的书，做他的学问。

很多女人以改造丈夫为己任，可杨绛的脑子里，从来就没有过改造丈夫的念头。对于她来说，爱是成就，不是改造。

钱锺书为人，孩子气极重，他是女儿阿圆最好的小伙伴，两个人常常结伴胡闹，只要不是太过分，杨绛就随他们去闹。一次厨房失了火，阿圆慌得跑过来大叫：“娘，不好了，不好了。”钱锺书也跟在后面气急败坏地大叫：“娘，不好了，不好了。”杨绛又好气又好笑，赶紧去替他们收拾残局。

钱锺书在人情世故上有极其天真的一面，杨绛就成了他和外界的一道润滑剂。后来他们定居京华时，有一次钱家的猫咪与林徽因家的打架，钱锺书拿起木棍要为自家猫咪助威，杨绛连忙劝止。她说林家的猫是他们家“爱的焦点”，打猫得看主妇面。

她就像一只大鸟，竭尽全力张开羽翼，把夫君和女儿都牢牢保护在里面，不让他们受到世俗事务的纷扰。她是他的守护神，守护了他一辈子。和她在一起，钱锺书的天性，没受压迫，没受损伤。

一个人身上总是既有弱点，又有优点。挑剔的夫妻，往往只看得到对方的缺点和不足，日久天长，难免会成怨偶。聪明的夫妻，却善于发现和放大对方的优点，对彼此的弱点也能够包容。

钱锺书和杨绛，就是这样一对聪明的夫妻，他们眼里只有对方的优点。

在杨绛看来，钱锺书身上那些弱点，都是细枝末节，无关紧要，他身上的优点却是独一无二，旁人无法取代的。没有人比她更懂得钱锺书的价值，他的淘气和痴气在父亲钱基博看来都是缺点，她却觉得这是他最可贵的地方。她真正理解他，支持他，保全了他的淘气和一团痴气。这样的钱锺书，再加上他过人的智慧，才成了现在众人心目中博学而又风趣的大学者和大才子，得到众多读者的喜爱。

钱锺书呢，更是将妻子视若珍宝。杨绛在他眼中简直无一处不好，他经常对着朋友大肆赞美妻子，以至于朋友们都说他有“誉妻癖”。他素来眼高于顶，别人的文章很少能入他的法眼，但对于妻子的作品，却每篇必读，甚至自愧不如。他从来没有想过要压倒妻子，每次杨绛获得了荣誉，他比自己取得成绩还要高兴。她事业得意时，他不嫉妒；她甘做主妇时，他也不轻视。他的深情配得上她做出的牺牲。

多少夫妻，耗尽一生在做彼此的差评师。像他们这样能够真正理解对方的价值，懂得互相尊重和体谅，并从来不吝惜赞美彼此的夫妻，着实是难能可贵。

张爱玲在《半生缘》里说女主角曼桢：“曼桢有这么个脾气，一样东西一旦属于她了，她总是越看越好，以为它是世界上最好的。”

说起来，钱锺书和杨绛在这方面倒是和曼桢相似。他们认定了彼此之后，看对方总是越看越好，以为对方是世界上最好的。

懂得珍惜的人，才是真正有福的人。

我只要一个女儿，像你的

对于一对男女来说，最美好的事，莫过于“你”和“我”，最终成为“我们”。如果说还有比这更美好的事，那便是在“我们”之间，又多了一个像你也像我的小人儿。

留学一年多后，杨绛生了圆圆。从此以后，“我们”就变成了“我们仨”。

知道妻子怀孕的消息后，钱锺书又犯了痴气病，喜不自禁地对她说：“我不要儿子，我要女儿——只要一个，像你的。”

杨绛听了，暗自好笑，她其实希望生下来的孩子能够像钱锺书。这一点，夫妻俩倒想到一块去了。

怀孕期间，杨绛反应颇大，后期已无力读书。钱锺书很心疼她，不仅主动承担了一些家务，还很早就跑到牛津妇产医院预订医生和病房。医生们见惯了保守的东方人，便问他：

“要女的？”

钱锺书郑重地回答：“要最好的。”

医生估算了一下杨绛的预产期，估计她将会在国王加冕那天生产，这样的话，将会生一个“加冕日娃娃”。哪知道超过预产期一周了，还是迟迟没有动静。

1937 年 5 月 18 日，杨绛有了临产的迹象，可她使尽浑身力气也没办法生出来。她痛得厉害，却不喊也不叫，因为觉得喊了叫了也于事无补。医生都对这个瘦小的东方女人感到惊奇，佩服她如此坚韧。

医生不得已只得对她实施了麻醉，用产钳把婴儿夹了出来。婴儿出生时已经因缺氧憋得浑身青紫，护士使劲拍了又拍才把她拍出哭声来。

小小婴儿啼声特别洪亮，护士们笑着称她为 Miss Sing High，译音为“星海小姐”，杨绛后来为女儿意译为“高歌小姐”。

这一天，钱锺书挂心杨绛，在医院和家里往返了四次。如他所愿，杨绛生的是个女儿，护士特地抱出来给他看，他看了又看，不无骄傲地说：“这是我的女儿，我喜欢的。”杨绛后来把他的“欢迎辞”告诉女儿，女儿听了很感激。

杨绛体弱，在医院住了差不多一个月，相当于是在医院坐的月子。出院那天回到家里，钱锺书给她端上了一碗香气浓郁的鸡汤，上面还漂着碧绿的蚕豆瓣，那是他亲自炖的。

一贯“拙手笨脚”的他，因为体恤妻子，居然学会了炖鸡汤，不得不说，爱会让人成长。杨绛喝汤，他吃肉，女儿吃妈妈的奶，多少年后，杨绛还是难忘这温馨的一幕。

钱锺书心疼妻子生产费了太大力气，后来每逢女儿生日，他总会说，这是“母难之日”。

他们生了女儿后，爷爷钱基博给孙女取了个名字，叫作“健汝”，小名丽英，因为她出生在牛年，取“牛丽于英”之意。钱锺书和杨绛都觉得爷爷取的名字太拗口了，他们私下叫女儿圆圆，学名叫钱瑗。

看着女儿长大，是一件特别奇妙的事，圆圆身上汇聚了他们两个人的特质，他们总是能在女儿身上看到妈妈（爸爸）的特点。

圆圆很快长成了一个可爱的小人儿，她很乖，不怎么哭闹。长大后性格也温顺乖巧，很小的时候就知道体恤父母，这一点，像妈妈。

她手脚也有点笨，不会爬树，运动的时候动作不太协调，这一点，像爸爸。

圆圆身上既有母亲的机灵劲儿，又有父亲天马行空的想象力。她回国后跟着大人学认字，有一次认了个“朋”字，她告诉妈妈说，这是两个“月”字要好，紧紧地挨在一块儿。杨绛很惊奇，特意写信告诉丈夫。钱锺书看了信后高兴得不得了，马上写成七绝一首以记此事：

颖悟如娘创似翁，正来月字竟能通。
方知左氏夸娇女，不数刘家有丑童。

总体来说，圆圆既像爸爸，又像妈妈，比较起来，还是像爸爸更多一点。她继承了父亲钱锺书的长相，也继承了他性格中的那一份“痴气”。钱锺书喜欢“格物致知”，她也喜欢。她很小就观察入微，总是能猜出人和人之间的关系，小时候跟着妈妈外出，就会告诉妈妈，谁住在弄堂几号，谁是谁的什么人，经过核对，居然八九不离十。外公杨荫杭夸她，别看圆圆小，什么都逃不脱她的一双眼睛。

两个书虫会培养出什么样的女儿呢？当然是小书虫了。圆圆在国外的时候，还只有一岁左右，就坐在高高的凳子上，面前摊一本大大的儿童读物，像模像样地一边看，一边在书上乱画。以前是两人对读，现在变成了三人共读。

很多人可能都会对钱锺书和杨绛是怎么教女儿的感兴趣，其实他们还真没有刻意去培养女儿。

杨绛从父亲杨荫杭身上体会到，“好的教育”首先是启发人的学习兴趣，学习的自觉性，培养人的上进心，引导人们好学并不断完善自己。要让学生在不知不觉中受教育，让他们潜移默化。这方面榜样的作用很重要，言传不如身教。

受此影响，他们对圆圆也从不训示。圆圆见父母嗜读，也有样学样，照模照样地拿本书来读，不知不觉就渐渐入道。

圆圆记忆力超人，她两岁多时跟着大姨杨寿康学《看图识字》，大姨挑出几张，只教一遍，她不用温习，就全能记得。外公杨荫杭看了，想起早夭的二女儿，叹道："过目不忘是有的。"

圆圆和爸爸钱锺书一样，走到哪儿都要找书看。她 11 岁回无锡爷爷家度假时，表兄妹都在院子里玩，她一个人跑到爷爷住的厢房里，找到了一柜子《少年》杂志看。爷爷钱基博醒来后，发现有个小女孩在静静地看书，他问起她的名字，又考问了她的学问，大为惊奇，称她为"吾家读书种子"。爷爷很看重爱读书的晚辈，自那以后，圆圆就成了他在孙辈中最得意的人。

除了带着孩子一起读书外，钱锺书还爱带着女儿疯玩。从小到大，爸爸就是圆圆最好的玩伴，杨绛总笑他们是"老鼠哥哥同年伴"。圆圆平时很乖，但只要和爸爸在一起，就变成了淘气包。

钱锺书也给两三岁的女儿肚皮上画过花脸，被杨绛说了一顿之后，不敢再造次，但着实技痒，于是就在纸上画着过瘾，还用毛笔给女儿的脸画上了胡子。他最喜欢给女儿取绰号，看见女儿在床上蹦来跳去，就笑她：“身上穿件火黄背心，面孔像只屁股猢狲。”圆圆噘嘴摇头表示抗议，他又笑她是“猪噘嘴，牛撞头，蟹吐沫”。

他还爱教女儿说些带粗话的英语、德语单词，多半都带些屎尿屁之类的，等到有客人来访时，他就叫女儿出来表演。圆圆跟着爸爸鹦鹉学舌，浑然不知自己说的是粗话，还挺得意的。

他以逗女儿生气为乐，圆圆小的时候，家里有什么好东西吃，钱锺书总是摇着头说：“Baby no eat！”一开始圆圆听了就乖乖地不吃了，后来她也察觉到爸爸是在逗她玩，下次爸爸再说：“Baby no eat！”她就生气地抗议说：“Baby yes eat！”急中果然能生智，圆圆那时才六岁，已经学会用英文造句了。

父女俩还经常在一起玩游戏，钱锺书喜欢把笔啊书啊之类的东西藏在被子里，说是“埋地雷”，然后让女儿来找。杨绛觉得挺无聊的，可他们玩得不亦乐乎，一个藏，一个找，不知玩了多少遍。

父女俩还爱联合起来故意和杨绛淘气，杨绛外出的时候，他们就不收拾房子，家里乱哄哄的。杨绛回来后只得给他们“打扫战场”，说家里都被折腾成狗窝了。圆圆就笑着说：“还是狗窝舒服。”

在圆圆心目中，妈妈有时不免有些严肃，爸爸则和她最“哥们儿”。许久以后，她患重病躺在床上时，在病床上提笔写《我们仨》，第一篇就是“爸爸逗我玩”。爸爸陪着她一起玩耍的经历，始终是她记忆中最难忘的。

钱锺书对女儿虽然宠爱，但还是宠得有分寸的。他有一阵教女儿练字，圆圆偷懒，拿了以前写的字去交差。他发现之后，严厉地说了她一顿，从此以后，她就再也不敢弄虚作假了。

圆圆学外文，有个很难的单词，翻了三部词典也未查着，跑来问爸爸，钱锺书没告诉她，让她自己继续查，查到第五部词典果然找着了。从这件事中，圆圆学会了有什么问题自己去解决，不轻易向父母求助。

圆圆出生后没多久，钱锺书曾认真地对杨绛说，如再生一个孩子比圆圆好的话，未免会喜欢那个孩子，这样的话，怎么对得起圆圆呢。这样冒傻气的“痴话”，只有他才会说，这话背后，倒确实是一片痴情父母心。

他对女儿圆圆，也像对妻子杨绛一样，总是越瞧越好。他在蓝田任教时，杨绛曾寄给他一张照片，上面是圆圆和其他四个表兄妹的合影。他看了又看，开心地在照片上题词：五个老小，我个顶好！（五个小孩，我的最好）

钱锺书和杨绛没再要第二个孩子，终其一生，圆圆都是他们唯一的“爱的焦点”。

游子无日不思乡

与英国文学相比，杨绛对法国文学的兴趣更大。钱锺书在牛津大学拿到学士文凭后，两人就决定去巴黎求学，这次他们决定不求任何学位。因为他们认为，与其花费那么多时间来求一个学位，不如节省时间用来自由阅读收益更大。

1937 年 8 月，他们由牛津去往巴黎。巴黎是时尚之都，生活远较伦敦丰富浪漫。这里有很多中国留学生，常常相约去咖啡馆小聚，钱锺书和杨绛偶尔也去坐坐，但他们不愿意把时间都花费在这方面。

他们在巴黎大学交费入学旁听，但很少去听课，只是按照自己的喜好大量读书。没有了学位的束缚，钱锺书如鱼得水，恣意读书。杨绛除了照顾女儿，其余时间也大多用来读书。圆圆已经长成了一个可爱的小人儿，很喜欢出去玩，最早学会的词就是“外外”，意思是到外面去玩。

虽然身在国外，但他们仍关心着国内的局势。尤其是杨绛，想家想得很苦。从报纸上看到日寇侵华，他们和国内的人一样悲愤，得知苏州沦陷后，更是日夜牵挂。钱锺书在此期间作的《哀望》《将归》等诗，描述的就是此种心境。

这种情况下，他们更加盼望国内的来信。钱锺书没什么家书，母亲从不写信，父亲也写得少。杨绛则常常收到家里来的信，她快要生孩子时，母亲还来信嘱咐她说，千万别抱错了小孩，到时抱个金发碧眼的孩子回家就闹笑话了。

自从苏州沦陷后，杨绛很长一段时间没有收到过家里的来信，后来倒是有信来了，她总觉得家里缺了一个声音，那就是妈妈。一贯关心她的妈妈怎么突然不说话了？

她去信再三盘问，大姐终于告诉她，妈妈已经去世了。

那是在日寇空袭苏州时，爸爸妈妈带着大女儿、八女儿还有两位姑母逃到香山避难。母亲得了恶性疟疾，在平时兴许还能医治，但在战火纷飞中，哪里还找得到医生？母亲病得奄奄一息，父亲和两个女儿打算守着她同归于尽。香山失陷前，母亲不幸去世了。父亲事先用几担白米换来一副棺材，将妻子就近安葬在借来的坟地上。那时天上正下着蒙蒙阴雨，父亲在荒野里放声恸哭。他怕战乱之后，找不到埋葬妻子的地方，就在棺木上、砖头瓦片上、周围树木上、地面石块上，凡是可以写字的地方，都通通写上自己的名字，以此作为标记。

这是大姐在信中所说的情景，杨绛越读越伤心，读到此处不禁痛哭失声。钱锺书在一旁劝慰不已，后来她在《我们仨》中说：“我至今还记得当时的悲苦。但是我没有意识到，悲苦能任情啼哭，还有锺书百般劝慰，我那时候是多么幸福。”要等到年岁渐长时才能体会到她这话中的沉痛之意，人生，就是由一连串的生离死别组成，到了后面，她还将失去一个又一个亲人。

杨绛曾经写过《回忆我的父亲》《回忆我的姑母》等文，唯独没有写过《回忆我的母亲》。直到 102 岁时她才写了一篇短文，说起原因，她说大概是因为接触较少。

母亲育有八个子女，杨绛小时候总觉得她偏爱大弟弟，父亲却告诉她，母亲对他们姐弟几个，个个都喜欢。

正因为接触得不多，杨绛对与母亲仅有的几次亲近记忆特别深。她还记得，苏州庙堂巷的房子刚修建完毕，母亲应她之求，在大杏树下架起了一个很高的秋千架。园子里有三棵芭蕉树，有一年各开了一朵“甘露花”，她和兄弟姐妹们每天早上都要去摘一朵含有“甘露”的花瓣，进献给母亲，因为只有母亲肯吃那一滴甜汁，父亲却懒得应酬他们。

她还记得自己四五岁的时候，有一次剥了一小木碗的瓜子仁，拉住母亲求她吃掉。母亲平常都想让给孩子吃，只做个姿势假吃，那一次，她却央求母亲“真的吃”。母亲如她所愿把那一木碗瓜子仁都吃掉了，她怎么也忘不了当时的惊喜和得意。

她还记得6岁的时候，冬天外面起了大风，母亲站起来说：“啊呀，阿季的新棉裤还没拿出来。”然后赶紧穿过院子去开箱子，那一刻她感动得想哭，深深地体会到了母亲果然还是爱自己的。

仔细想起来，母亲对他们八个，确实是一般的怜爱，只是孩子太多，忙不过来，没有那么多空闲陪他们。母亲生平最伤心的事，就是曾经失去过两个孩子。一个是杨绛的二姐同康，那是杨家最聪明伶俐的一个孩子，可惜在启明上学时，患了伤寒去世。同康这个名字，在杨家从此成了个忌讳，大家都不敢提，生怕一提就让母亲伤心。八妹妹阿必出生后，母亲抱着她说：“活是个阿同！她知道我想她，所以又来了。”

还有一个是杨绛的大弟弟，他也是少年时不幸患病去世的。母亲曾带着大弟弟到处求医，又夜夜看护，终究还是没有留住他。大弟弟过世后，家里人怕母亲伤心过度，特请来一位算命先生。他算出大弟弟的八字是“天克地冲”，命中注定好不了的，母亲听了后才得到些许安慰。

那种锥心刺骨的丧子之痛，杨绛当时还体会不了，直到她失去圆圆后，才知道母亲那时的心有多痛。

母亲去世后，最难过的当然是父亲。他常常会想起妻子来，见到什么好的东西，就会慨叹妻子去世太早，碰到什么不好的事，反倒庆幸妻子不在了，不然看见了会有多难受。

战争还在激烈进行时，父亲为了找回母亲的棺材，不惜乔装打扮，毅然再赴香山。幸好他找回了母亲的灵柩，葬到了灵岩山的一处公墓。后来他在抗战胜利前不久去世，儿女们将他葬到了母亲墓旁的水泥圹里，总算替父母实现了“生则同衾，死则同穴”的夙愿。

母亲去世时，杨绛刚生完圆圆不到半年。“女儿做母亲，才知报娘恩”，她生了女儿，才体会到母亲的艰辛，可是已经没有办法再报答母亲的恩情了。这成了她的终身之憾，甚至老年提起母亲来仍热泪涟涟，在文章中曾不止一次希望得到母亲的宽宥。她深知，母亲那么爱她，肯定不会怪她，可她还是自觉愧对母亲。

正是母亲的猝然离世，加深了她对故乡的思念。1938 年早春，尽管钱锺书的庚款奖学金可延长一年，但他们还是下了决心要结束留学，如期回国。

那时候，战争愈演愈烈，整个神州大地已经有大半个陷入了敌寇的铁蹄之下。他们为国为家，都十分焦虑，毅然决定在战火纷飞中回到祖国的怀抱，和亲人们守在一起，和同胞们同甘共苦。钱锺书在给友人司徒亚的信中写道：“我们将于九月回家，而我们已无家可归……我的妻子失去了她的母亲，我也没有任何指望能找到合意的工作，但每个人的遭遇，终究是和自己的同胞联结在一起的，我准备过些艰苦的日子。”

当时巴黎受战事影响，已很难买到船票，他们托了朋友才买到两张三等舱的票。他们来时乘的是二等舱，回去时乘的是三等舱，伙食差了很多，船上二十多天，几乎顿顿吃土豆泥。圆圆上船时还是一个肥硕的娃娃，下船后却瘦了一大圈。

钱锺书在离开巴黎前，曾写信向国内各学校机构谋事，临行前接到西南联大文学院院长冯友兰的复函，聘请他任外文系教授。当时钱锺书还不足 30 岁，像他这么年轻的“海归”学者，一开始往往是从讲师做起，能够破格任他做教授，说明联大实在重视这个人才。

由于要去西南联大赴任，钱锺书提早在香港上船，经海防转入云南。那时圆圆只有一岁出头，杨绛要照顾女儿，又牵挂父亲，于是决定不随他去，而是带圆圆继续坐船回上海。

这是他们结婚以来头一次别离，杨绛抱着圆圆站在甲板上，目送着钱锺书坐的小渡船开走，渐行渐远渐无穷，牵引起无限离愁。

迎接他们的，是艰辛困苦的抗战岁月。三年前，他们离开故土时，祖国还算和平；三年后，神州大地已狼烟遍地，上海早已沦陷，被称为“孤岛”。

在回国的邮轮上，杨绛忽然悟出了不晕船的妙法，她教钱锺书不要以“我”为中心，而是以船为中心，随船倾侧，这样的话，永远平平正正，不会再随船波动。钱锺书照她的法子试了试，果然不晕船了，他感叹道：为人之道也如此。

此时的祖国，正像一艘在惊涛骇浪中颠簸的大船，他们从风平浪静的异国回到这艘大船之上，已经做好了随船倾侧的准备。他们从未后悔过放弃外国宁静的生活，回到战乱中的中国，因为这才是他们的梦魂所系之地。

第四卷

凛凛风骨，一身才情

如果把『命造』比作船，把『运途』比作满足，船只能在河里走，但如果船要搁浅或倾覆的时候，船里还有个『我』在做主，也可说是这人的个性做主。

抗战岁月，上海沦为了一座“孤岛”。杨绛和她的家人们，就守在这座小小的孤岛上，共度时艰，也同欢乐也同愁。

那些年，是她一生中物质生活最困窘的时分，她从一个娇滴滴的大小姐，转身做起了一大家人的“老妈子”，为支持钱锺书写《围城》，还心甘情愿做起了“灶下婢”。

那些年，也是她文学创作开始起步的时候。戏剧家杨绛横空出世，以“含泪的喜剧”给沦陷区的人民带来了一线欢乐和希望。

尽管生活在沦陷区，杨绛却始终不妥协、不屈服，不愁苦、不丧气。她常常说，忧患容易孕育智慧，苦难方能滋生修养。正是这段岁月，练就了她日后对苦难的承受力，以及在艰苦时始终保持乐观心态的能力。

最艰难的日子里，她始终和祖国命运共沉浮，从未考虑过去国离乡。这，才是一个知识分子应有的担当。

做主的是人，不是命

如果人生有四季的话，那么在 1938 年的秋季之前，杨绛的人生都是春天。

那年 9 月，阔别故土三年的她带着女儿回到了上海，迎接她的，是一个已经不再完整的家和在战火中四分五裂的祖国。

仿佛无所不能的母亲唐须嫈，早已经死于战争中的一场突发疟疾。那个性情古怪、在他们婚礼上穿一身白衣的三姑母杨荫榆，因为和日本人作对，也死在了敌寇的枪下。

父亲杨荫杭大受打击，从前意气风发的他，这时已垂垂老矣，每日要靠服食安眠药才能入睡。

上海自“八一三”战役之后沦陷，日军在南市、闸北、虹口、杨浦等地设立关卡，将整个上海城四面包围，虽还有部分租界未被占领，却已经成了“孤岛”之势。

杨绛的归来，给父亲带来了说不出的欢喜。他马上从三女儿家搬了出来，另租了一处小小的房子，以供杨绛母女回家来住。

杨绛心酸地发现父亲老了许多，因长期服食安眠药显得精神困顿，眼光也不像以前那样有神。幸好她回来之后，父亲老怀甚慰，很快就戒掉了安眠药。

她基本上住在父亲这边，但时不时也要带着圆圆去婆家那边“做媳妇”。钱家一大家子人住在辣斐德路，她到了那边，没有独自休息的地方，还要帮着婆婆做家事。几个弟媳都抱怨说钱家的媳妇不好当，她却百事忍耐，敬老抚幼，从不出声抱怨。婶婶夸她孝顺，说她是“盐钵头里的蛆，咸蛆（贤妻）也”。

杨绛回国没多久，就想谋一份差事，一来读了这么多书也想着学以致用，二来也可以减轻下家里的经济负担。战乱中比平时谋事难了许多，加之她有一条底线：凡是与日本侵略势力沾边的工作，待遇再好也坚决不考虑。这样的话，谋事的难度又增加了不少。

这时候，天上掉下来一个机会——以前振华女中的老校长王季玉找上门来，邀她一起筹办上海振华分校。

振华是王季玉母亲创办的，在她手里得以发扬光大，成为江浙一带一所赫赫有名的女子学校。日寇侵占苏州后，王季玉拒绝敌人接收振华，带着同事将振华的珍贵书籍和贵重教学仪器转移到农家，忍痛停办了两处临时学校。

王季玉将振华视为毕生心血，她终生未婚，常常说“我已嫁给了振华，以校为家”。不得已停办振华是她的心头大恨，她后来考察到上海租界尚未完全被日军侵略势力占领，便希望能在那儿办一所振华分校。在她心目中，杨绛是毕业于振华女中的杰出人才，若能得她襄助，自然最好不过。

老校长亲自找上门来，单刀直入地要求她“扶一把”振华。杨绛感念于老校长的教育之恩，不忍拒绝，答应了以后才知道，这可不是单纯地“扶一把”，而是要担起振华分校校长的重任。

杨绛心里不乐意，她受父亲影响很深，父亲是坚决反对人做官的，常说清高的读书人去做官是“狗耕田，牛守夜”。她回家问父亲的意见，没想到父亲沉吟之下，居然说：“此事做得。”原来他担任过振华校董，很敬佩王季玉母女倾力办学的牺牲精神，所以觉得关键时刻，女儿有必要去“扶一把”。

公公钱基博却很反对儿媳出去谋事，说：“谋什么事？还是在家学学家务。便是做到俞庆棠的地位，也没甚意思。”俞庆棠是当时有名的女教育家，曾任江苏省立教育学院校长等职。杨绛听了公公的话，不敢作声。

杨荫杭听说了亲家的话，有点冒火，觉得自己花了多年心血培养的女儿居然嫁到钱家就只能当不要工钱的老妈子，于是态度更加坚决，积极支持女儿出去工作。

杨绛最终还是决定赴任，她虽然温和，可从来都是个有主见的人，心里认定的事，即使有人反对，还是要做的。

筹建分校的事她从未有过经验，自称是“赶鸭子上架”。在王季玉老校长的指导下，她四处找房子，筹建班子。经过一年的辛苦奔波，1939年秋，上海振华分校终于正式开学了。王季玉离开了上海，将校务全权委托给她处理。

杨绛觉得自己没有任何领导人的才能，这个时候也只得咬牙苦干。在当时的环境中办学校，还真不是一件轻松的事。她曾经回忆说，当校长并不仅仅需要和教师、家长打交道，还得和当地的地痞流氓打交道，逢年过节给他们送“保护费”，以保平安。杨绛回忆起这些来显得很轻松，当时想必也是捏着一把汗的，她是书香门第的娇小姐，哪里做过这样的事。

好在管理班子和教职员工中有不少“老振华”，沿袭了以前成熟的教学系统，她本人又聪明能干、善于学习，不到半年，就将振华分校办得风生水起，各个方面都有条不紊。这是她一贯以来的处事风格，尽管她并不情愿做这个校长，可一旦挑起了这个担子，她就会倾尽全力，力求做得尽善尽美。

她出任校长之前，和王季玉老校长约好只干半年。半年之后，她如约向王季玉辞职，后者却无论如何不答应。她百般无奈，只得又答应再干半年。

做校长的同时，她还兼任高三的英文老师，忙得不可开交，因此没有空陪伴女儿圆圆。圆圆很想跟妈妈亲近，她回到家里，圆圆就跟在她屁股后面走来走去。可只要她一摊开卷子，圆圆就知道妈妈要工作了，她乖得出奇，马上悄悄走开了，从不打扰妈妈。可她毕竟还是个两岁多的小人儿，有时也会偷偷攥着小拳头，作势敲打那些试卷，因为在她心里，觉得是那些试卷剥夺了妈妈的时间。杨绛晚年回忆起这一幕时，还记得女儿眼角挂着的两颗小眼泪，她深觉亏欠了圆圆，小时候从没能好好陪她玩。

这一年中，在外人看来，她这个校长当得风生水起，只有她自己知道，自己并非行政方面的人才。她说："我名义上做校长两年，第二年由我推荐别人代理校长，以上是我'狗耕田'的经过，是我最苦恼的经历。我如勉力，也能胜任。但每事要我专权，而我不擅专权。我生平做过各种职业，家庭教师、代理先生、中学教员、小学教员、灶下婢、大学教员、研究员。经验只一条，我永远在群众中。"

又过了半年，这回杨绛没有理会老校长的挽留，坚决辞了职。她反复陈述的辞职理由是自己不适合做行政工作，事实上有个深层的理由她没敢说出口，那就是她的兴趣在文学上，她要创作。

尽管不再担任校长，但她对振华仍然有着很深的感情，后来还以王季玉校长为原型，创作了一篇小说《事业》。在小说中，主角周默君（小说中称为“默先生”）终身未婚，“嫁”给了学校，熟悉振华的人一眼就能看出，这写的就是他们敬爱的王季玉老校长。

杨绛从振华辞职后，为了贴补家用，去工部局小学做了一名代理教员。这在很多人看来，简直是令人大跌眼镜的选择，可她做小学教员却做得很安心，还摸索出了一套独有的经验。她对班上的学生，从来不会笼统地称为“小朋友”，而是记住他们每一个人的名字。她记性好，又肯用心，三堂课下来，就能叫出每一个学生的名字，小孩们很佩服，一下子就被收服了。

她做了三年多的小学教员，记得住每一个学生的名字，摸清楚了每一个学生的脾性，每次学校都让她教一年级。一年下来，她总能把一班刚入学的淘气包，调教成聪明向学的小学生。

杨绛晚年在《走到人生边上》一书中，探讨了命与天命，算命的爱说“命”和“运”，她认为，如果把“命造”比作船，把“运途”比作河，船只能在河里走，但如果船要搁浅或倾覆的时候，船里还有个“我”在做主，也可说是这人的个性做主。所以她的结论是，我们如果反思一生的经历，都是当时处境使然，不由自主。但是关键时刻，做主的还是自己。

就以她从振华校长到小学教员这段经历为例，她总觉得，自己28岁做了中学校长，可说是命。当时她做下去是顺风顺水，辞职却是千难万难，但她硬是辞了，放着好好的中学校长不做，就做了一个小学教员。

“这不是不得已，是我的选择。因为我认为我如听从季玉先生的要求，就是顺从她的期望，一辈子承继她的职务了。我是想从事创作。这话我不敢说也不敢想，只知我绝不愿做校长。”她写道，“我坚决辞职是我的选择，是我坚持自己的意志，绝不是命。”

回望杨绛的一生，很多人都喜欢强调她随遇而安的一面，却很少有人关注到她的不妥协和不放弃。辞去振华校长一职，是不妥协；希望能从事创作，是不放弃。正是一次次的不妥协和不放弃，才成就了后来那个独一无二的杨绛，不然的话，她只有听任命运摆布，将精力花在并不喜欢的事务上。

我们都喜欢说不忘初心，喜欢写作就是杨绛始终不变的初心。她一生中做过很多份职业，但不管做校长也好，做教员也罢，这些都是她外在的职业，只有写作，才是她的梦想所在，是真正能称得上“志业”的事。不管职业如何变动，她从未忘记过这一点，一有机会就会拾起手中的笔，重新追逐儿时的梦想。

我们总爱说命由天定，杨绛却说，做主的是人，不是命。对命运要怀有敬畏之心，但也要相信，命运之外，还有自由意志，这才能让我们的人生，多一份自主选择的权利。

从今以后 只有死别，不再生离

自从杨绛在回国的船上抱着女儿目送丈夫远行之后，接下来的两三年内，他们都聚少离多，基本上过着两地分居的日子。

杨绛还好，有女儿相随，有老父相伴，又能和姐妹们聚在一起。她性格本就淡淡的，纵然和丈夫别离，也不觉得太苦。

钱锺书呢，自从和杨绛结婚以后，就习惯了她小母亲式的温柔和照顾，这下子一个人跑到数千里之外的高原任教，好比一只独自南下的孤飞雁，说不尽的凄凉难过。

当时西南联大是由北大、清华、南开组成的联合大学，钱锺书在西南联大任外文系教授，上课时只说英语，不说中文；只讲书，不提问；不表扬，也不批评。在英语课堂上妙语频出，令很多学生印象深刻，比如说“宣传像货币，钞票印多了就不值钱”等等，有学生戏称：钱师本身就是一串警句。

他在课堂上讲起王尔德和普鲁斯特等，引导学生们步入西文文学的殿堂，听他讲课的学生中有个叫作吴讷孙的，后来写出了描绘联大生活的《未央歌》，他的笔名叫鹿桥。还有一位叫作查良铮的，后来成了著名诗人穆旦，王小波称自己终生受惠于穆旦的译诗。

出现在同事和学生面前的钱锺书，脸上总是挂着温和的微笑，可谁能够想到，他想家想得实在很苦。和杨绛结婚数年来，两人从来不曾远离，整日相对读书，静坐品茗，何等的温馨惬意。如今他一人独居，着实凄苦，所以将其所住的居室命名为“冷屋”。

闲居寂寞时，他不停地给妻子写信，信中会说到云南的风物，以及联大的情况。写得更多的，却是对妻子的无尽思念。

可惜那时杨绛忙着筹办振华分校，连照顾圆圆都分身乏术，哪里有那么多空给他回信。于是，我们的钱大才子就跟古诗中的思妇一样，日夜都盼望着远方的来信，一旦期盼落了空，就难免心有怨念，写于这期间的《一日》就是描写这种心境：

一日不得书，忽忽若有亡；
二日不得书，绕室走惶惶。
百端自譬慰，三日书可望；
生嗔情咄咄，无书连三日。
四日书倘来，当风烧拉杂；
摧烧扬其灰，四日书当来。

谁能够想到，看起来有些呆气的钱锺书，思念起一个人来，竟然是这样的柔肠百转。这思念之情无计可以消除，他在诗中虽然赌气地说一旦收到来信，就“当风烧拉杂”，其实真的收到了，又怎么忍心烧毁。

杨绛总爱说丈夫有几分痴气，实际上，钱锺书是个冷眼热肠的性情中人，眼极冷而心极热，从他对妻子女儿的浓浓相思中就可以窥见。

好不容易挨到了 1939 年 7 月，思妻心切的钱锺书一放暑假，就连忙回沪探亲。久别重逢，夫妻二人都喜悦不尽。更高兴的是女儿圆圆，她这时已两岁多了，平时很多人疼她，只是少个玩伴，这下“顽童”爸爸回来了，正好做她的玩伴。

暑假过了一半时，钱锺书收到了父亲钱基博从湖南来的信，信中说自己老病，要他去蓝田侍奉，同时出任新成立的国立师范学院英文系主任，一年后父子同回上海。

杨绛知道钱锺书最称心的事就是能在联大任教，所以不愿意他放弃联大的教职，去偏僻的蓝田任教。可她又深知丈夫是个孝子，因此不愿意让他为难，就不再勉强他。

钱锺书不得已写信向西南联大请辞，希望能得到联大的挽留，这样也好向父亲解释。可惜直到他走了之后，才收到联大的回电。

一家人刚刚团聚，又要分开，而且他这次去的不是天高云淡的云南，而是穷乡僻壤的湘西蓝田。杨绛沉默着为他整理了衣服，沉默着送他上路，虽然心中留恋，却没有说一句劝阻的话。临行前她殷殷叮嘱他说："看来你的生日将在路上过了。我在家为你吃碗面，祝平安。"钱锺书又岂不知道妻子的心意，所以在诗里说"妇不阻我行，而意亦多恋"。

此行山高水远，旅途多蹇，一路上跌跌撞撞，钱锺书足足走了一个多月，穿越了浙闽赣湘，处处受阻，光在吉安一地就足足滞留七天。这段艰苦的旅程，后来被钱锺书写入了《围城》之中。

艰苦倒还可以忍受，最令钱锺书难以忍受的，是对娇妻幼女的挂念。一路的山山水水都染上了他的思念之情，如《游雪窦山》中所说："山水颇胜师，寺梅若可妻。新月似小女，一弯向人低。平生寡师法，酷哉此别离！"

雪窦山寺旁的一树梅花，让他想起那可人的妻子，天边弯弯的一痕新月，就如依人的小女。读到这样动人的诗，真让人同情这位远离妻女的可怜男人。

蓝田国立师院在湖南西部，地处荒僻，各个方面都无法与西南联大相比。此地偏远，能够与钱锺书读书论学的同道不多，上课对着程度较浅的学生讲高深的外国文学，也有对牛弹琴的感觉。他深觉寂寞，课余时间就埋头读书写作，他的《谈艺录》就是在蓝田开始写的，每晚写一章，两三天后再修改增补。写书的时候，正值国家内忧外患之时，他本人心情也很不好，因此在序里说“《谈艺录》一卷，虽赏析之作，而实忧患之书也”。

他对父亲钱基博的“侍奉”，表现在经常给父亲炖鸡汤上，这是他在英国时学到的手艺。同事孟宪承先生夸他孝顺，钱基博却说：“这是口体之养，不是养志。”孟宪承笑说：“我倒宁愿口体之养。”钱锺书是父亲最器重的儿子，却并不是父亲最钟爱的儿子，父亲所谓的志，他并不能完全认同，父亲对他的“志”，也不能完全理解。父子俩虽然彼此爱重，志趣却不相投。

生活上的寂寞，更加重了他对妻女的思念。他牵挂她们牵挂得好苦，以至于常常会梦见幼小的女儿。圆圆一天天长大了，已经认识很多字，越来越聪明了，做父亲的却不能陪在她身旁，亲眼见证她的成长，只能从妻子写来的信中，得知女儿的消息。每次知道女儿有了进步，他都感到又骄傲又失落。骄傲的是，女儿如此聪颖；失落的是，他却没办法亲自看到女儿的进步。

1940 年暑假，钱锺书和同事约好一同回上海探亲，为了迎接他的到来，杨绛特意另租了一套房子。没想到当时战火频仍，沿途受阻，以至于只得中途折返。有家难回，钱锺书无比郁闷，只好借诗句来抒发离愁："归计万千都作罢，只有归心不羁马；青天大道出偏难，日夜长江思不舍。"（《遣愁》）

杨绛虽然写信不如钱锺书频繁，但她又何尝不思念远方的丈夫呢。她总是能从日益长大的女儿身上，看到丈夫的影子：圆圆走路的样子，摇摇晃晃，好像走不太稳，像极了钱锺书；圆圆已经会读书了，常常一个人抱着本书静静地翻看，她翻书的姿势，和其父简直一模一样；圆圆记忆力超人，认过的字过目不忘，这点也像她爸爸；圆圆平常体物入微，最爱观察身边事物，这一点，也令她想起了钱锺书喜欢的"格物致知"。

圆圆已经长成了一个有自己个性的小人儿，她像爸爸一样肯吃苦，能忍耐。她肠胃不好，许多东西杨绛怕她吃了不消化，就不让她吃，她总是能乖乖顺从。有一次，她看着家里人吃着鲜美多汁的白沙枇杷，馋得眼睛里流出了一滴小眼泪，可也不嚷着要吃。家里人见了，都觉得再当着这个小人儿的面吃的话，实在有点于心不忍。

当相爱的人不在你身边，能够看着一个像他的小人儿一点点长大，也是一种安慰吧。有了这种安慰，杨绛确实不像钱锺书那样孤苦无依。

如此分离了足足两年，1941 年第二学期结束，钱锺书终于向蓝田师院请辞，走海路回到了上海。

阔别两年的钱锺书，在杨绛眼中的形象是这样的：面色黑里透黄，胡子拉碴，穿一件蓝田缝制的土织夏布大褂，样子要多憔悴就有多憔悴。她瞧在眼里，不禁暗暗心疼。

圆圆却已经不认识爸爸了，对这个突然出现的“陌生人”，她充满了提防。当看到他把行李放在妈妈床边时，她忍不住对爸爸发话说：“这是我的妈妈，你的妈妈在那边。”说着指了指奶奶。

钱锺书笑着问她：“到底是我先认识你妈妈，还是你先认识？”

圆圆毫不犹豫地回答说：“当然是我先认识，我一生下来就认识，你是长大了才认识的。”

大家看着这对父女斗嘴，都不知道如何劝解。这时钱锺书附在圆圆的耳朵边悄悄说了一句话，她立即放下了防备，和爸爸恢复了友好。他究竟说了一句什么话？这一点，杨绛在写《我们仨》时仍然没有想明白。

钱锺书回到上海，本来是事先得知将被联大召回任教的。谁知他像“痴汉等婆娘”似的一等再等，却始终没有等来联大的聘书。外文系当时的管理者拖延到开学三周后，才上门来请他。钱锺书何等骄傲，他察觉到对方的迟来肯定是不欢迎自己，便客客气气地拒绝了。

重返联大任教，原本是他最向往的事，只是如果真的收到了聘书，不得不去，怕又要和妻女别离。这下去不成了，倒无形中遂了他和家人相守的愿望。

此次之后，深谙别离之苦的他对妻子发愿说："从今以后，咱们只有死别，不再生离。"他说到也做到了，一家三口，从此相伴相依，一起度过抗战胜利来临之前的艰难岁月，虽然穷困，但胜于别离。

横空出世

剧作家杨绛

“孤岛”时期的上海，在物质方面是风雨飘摇，物价飞涨，在文艺方面则百花齐放，异彩纷呈。

1943 年，一位年方 23 岁的没落贵族女子在《紫罗兰》上发表了《沉香屑·第一炉香》，在上海文坛一炮打响，她的名字叫作张爱玲。自此，张爱玲这三个字伴随着她的作品永远地流传了下来，成为那个年代上海的代名词之一。与此同时，冰心、苏青、丁玲等民国女作家也相继登场，和杨绛同龄的萧红，则在写出《呼兰河传》后，已于前一年在香港不幸早逝。

就在同一年五月，一部名叫《称心如意》的话剧在上海金都大戏院连演两周，场场爆满，引起了轰动。海报上用斗大的字印着编剧的名字——杨绛。

这是杨绛步入剧坛的第一部作品，她一心热爱文学，没想到首次在文艺界崭露头角，却是凭着她并不特别感兴趣的话剧。

她最初写剧本，除了好玩外，还有着“为稻粱谋”的目的。

一家人团聚后，面临的最大问题是生活上的困窘。钱锺书等不到联大的聘书，便向上海的暨南大学求职，英文系主任让他顶替另一个教师，他坚决不肯夺去别人职位。后来岳父杨荫杭见他闲居在家，便把震旦女子文理学院的《诗经》课让给了他。震旦的薪酬太低，除此之外，他还在外面兼做家庭教师。

杨绛当时在工部局小学任教，除了薪水外，每个月还能补贴三斗白米，这在当时是很稀罕的。

饶是如此，他们的生活还是紧巴巴的，最艰难的时候，连续三个月都没吃上肉。有一次，钱锺书的学生派人给他送了一担西瓜，圆圆高兴得不得了，骄傲地说：“爸爸，这许多西瓜，都是你的。——我呢，是你的女儿。”

贫与病总是相连的，那时圆圆身体不太好，钱锺书也每年都要生一场大病，一病就是一个多月。

正是在这种情况下，杨绛才想着要做点什么兼职，能够贴补一下家里的开支。

1942 年冬天，她无意中发现了一个机会。那次他们夫妇和陈麟瑞、李健吾一起上馆子吃烤羊肉。陈李二人既是他们的学长，也是杨绛戏剧创作的引路人，他们那时都已创作了不少剧本。

以前吃烤羊肉是很风雅的事，烤羊肉用的是松枝，松香伴着肉香四溢，每个人手里拿一双二尺长的筷子，从火舌里夹出烤熟的肉来夹饼吃。陈麟瑞说这是蒙古人的吃法，杨绛马上绘声绘色地给他们讲起了《云彩霞》里的蒙古王子、《晚宴》里的蒙古王爷之类的故事，令人想起戏里面的蒙古王子。陈麟瑞和李健吾都很喜欢戏剧，他们见杨绛对戏剧挺感兴趣的，又有想象力，便怂恿她也写一出戏。

杨绛行动力很强，利用做小学教员的闲暇，很快就编了个剧本拿给陈麟瑞看。陈麟瑞看了后给她泼了盆冷水："你这个剧本，做独幕剧太长；做多幕剧呢又太短，内容不足，得改写。"杨绛听得进别人的意见，闻讯后二话没说，又把初稿改成了一个四幕剧稿，写好后在亭子间里转了又转，方想出"称心如意"这个题目，觉得很切题。

其时上海剧坛流行悲剧，因为悲剧能够赚人眼泪，又符合当时人们国破家亡的心境，所以剧院中上演的大多是悲剧。

杨绛的这出戏，却是喜剧。写的是一个父母双亡的漂亮女孩，千里迢迢来到上海投奔亲戚。她在上海有三个舅舅一个姨妈，都是混得不错的体面人，却一个比一个势利，把这个无依无靠的外甥女像皮球一样地踢来踢去，谁也不愿意管她。女孩子被踢到了舅舅的舅舅也就是她的舅公家，没想到身为大富翁的舅公竟对她十分怜爱，将她收为孙女，立为继承人。不仅如此，她还找到了一个如意郎君，恰好是舅公老友的孙子。这样的结局，对于一个受尽白眼的女孩来说，的确是“称心如意”。

杨绛写好后，第一个给钱锺书看，他对戏剧毫无兴趣，一目十行地看完，夸奖她说：“还好，还好！”

陈麟瑞和李健吾这两个识货的人看了后，齐声叫好，推荐给了戏剧界的著名导演黄佐临，被黄一眼相中了。李健吾给杨绛打电话，问她用什么名字。杨绛怕出丑不敢用真名，想起弟妹们常常偷懒把“季康”二字连起来说成“绛”，于是就说：“就叫杨绛吧！”

就这样，剧作家杨绛横空出世了，这个名字她用了一辈子，以至于她的本名“杨季康”反而不那么广为人知了。

《称心如意》由精通喜剧的黄佐临导演执导，女主角由著名演员林彬饰演，李健吾也在里面客串舅公，首演之后，大获成功，又接连在不同剧场上演。不少剧团爱在过年时演出此剧，图剧名喜庆，相当于现在的“贺岁剧”。

在悲剧风行的年代里，观众们突然看到了这么一出生动活泼的喜剧，顿时感到耳目一新。振华老校长王季玉特意去看了此剧，看完后觉得不错，问杨绛说："是你公公帮你的吗？"杨绛笑答："和我公公什么相干？"也有朋友误会肯定是钱锺书"捉刀"代笔的，还专程打电话向钱贺喜。

戏剧界更是对她赞赏有加，李健吾评说："杨绛不是那种飞扬躁厉的作家，正相反，她有缄默的智慧。"戏剧家赵景深评价说："此剧刻画世故人情入微，非女性写不出。杨绛写得如此细腻周到，令人称赏。"爱才的宋淇特别欣赏杨绛，她每一部剧作上演，他必请客庆祝。

杨绛生性低调谨慎，并没有被这些溢美之词冲昏头脑。她清醒地表示自己不敢居功："剧作不同于小说，剧本的成功很大程度上要靠舞台表现，靠导演、演员的技艺精湛。"

最令她高兴的是，拿到《称心如意》的稿费后，请家里人吃了一顿老大房的酱鸡酱肉，圆圆这时已"三月不知肉味"，开心得吃完了肉又找肉。

《称心如意》一鸣惊人后，杨绛又一鼓作气写出了《弄真成假》。她孩子气十足，偏爱喜剧，所以这次写的还是一部五幕喜剧。故事沿袭了《称心如意》的风格，人物鲜明立体，情节充满巧合，语言生动活泼。故事的主角换成了一个男青年周大璋，仍然是家境贫困，个性有点像《红与黑》中的于连，一心想当上阔绰人家的女婿，过上荣华富贵的生活。偏偏他遇上了一个同样想通过嫁人来改变命运的女子张燕华，她寄居在有钱的叔叔家，以为嫁给周大璋就能摆脱窘迫的处境。最后的结果是周大璋和张燕华两人弄巧成拙，结为夫妻，走捷径发家致富的幻想还是落了空。

听到这部戏的内容，不禁让人想起一部由任贤齐和郑秀文主演的电影《嫁个有钱人》，男女主角都想通过婚姻来改变命运，结果却发现对方同样贫困。日光底下并无新事，如此荒唐的戏码数十年后还在上演，不同的是，杨绛的剧作刻画世态人情更为细腻入微，下笔也更为冷峻。

《弄真成假》上演后，取得了比《称心如意》更大的反响。“编剧杨绛”成了一块金字招牌，戏剧界的名演员都以能演她写的戏为荣。李健吾给出了极高的评价，他说：“假如中国有喜剧，真正的风俗喜剧，从现代中国生活提炼出来的地道喜剧，我不想夸张地说，但是我坚持地说，在现代中国文学里面，《弄真成假》将是第二道里程碑。有人一定嫌我言过其实，我们不妨过些年回头来看，是否我的偏见具有正确的预感。第一道里程碑属诸丁西林，人所共知。第二道我将欢欢喜喜地指出，乃是杨绛女士。”

柯灵则赞道：“一枝独秀，引起广泛注意的是杨绛。她的《称心如意》和《弄真成假》，是喜剧的双璧，中国话剧库中有数的好作品。”

为了给女儿捧场，父亲杨荫杭特地带着杨绛的姐妹们一起去剧院看了《弄真成假》。听到观众们不停地发出欢乐的笑声，他悄悄地问女儿："全是你编的？"杨绛点头说："全是。"这位素来以女儿为荣的父亲听了乐得开怀大笑道："憨哉！"

《称心如意》和《弄真成假》后来编成了《喜剧二种》，杨绛把它送给了忘年交陈衡哲，后者看了称赞说："不是照着镜子写的。"巧的是，胡适在陈家认识了杨绛，也夸她写的剧本"不是照着镜子写的"。这句话的意思，显然是赞她独出机杼，不写套路。

这两部喜剧之后，杨绛又写了一部三幕喜剧《游戏人间》，故事说的是一个男青年王庭璧玩世不恭，自命不凡，把人间当成自己的游乐场，什么都不认真。他原本有一个交好的女朋友曹学昭，却故意去征婚的富家女吴彩云那里应征。曹学昭一气之下，胡乱嫁给了暴发户吴润卿。两个游戏人间的年轻人，深悟以往的错误，终于决定从风波中解脱出来，再也不任性胡闹了。

这部戏内容有趣，情节和布局都很不错，但匆匆赶出，没来得及精心修改，杨绛本人不是很满意。

她创作的第四部戏是四幕剧《风絮》，也是她四部戏剧作品中唯一的一部悲剧。故事写的是一个眼高于顶的青年方景山，志在改造农村，却终究有心无力。《风絮》这个剧名是钱锺书帮她想出来的，风絮就是随风飘散的一朵杨花，比喻一个人心比天高，却难免流于浮躁，以至于一事无成。

李健吾认为，《风絮》作为杨绛第一次在悲剧方面的尝试，犹如她在喜剧方面的超特成就，显示她深湛而有修养的灵魂。

这四部作品尤其是前两部，成就了剧作家杨绛的大名，事实上，杨绛从来都不以剧作家自居。她自知对戏剧这个文体不感兴趣，所写的几个剧本，只是当成“学徒的认真习作”，所以写了这四部作品后，后来她毕生都没有再重拾过写剧本的活儿。她的剧本，并不符合当时戏剧界反映人民不屈与斗争的“主旋律”，但自有其积极意义。她自己评价说：“如果说，沦陷在上海日寇铁蹄下的老百姓，不妥协、不屈服就算反抗，不愁苦、不丧气就算顽强，那么这两个喜剧里的几声笑，也算表示我们在漫漫长夜的黑暗里始终没有丧失信心，在艰苦的生活里始终保持着乐观精神。”

因为喜剧写得好，杨绛一度是上海戏剧界的红人，被很多剧团当成贵宾。她每次到剧场去看戏，剧团总把第五排正中最好的位子给她留着。钱锺书少负才名，此时却常常被人介绍成是“编剧杨绛的丈夫”。有一次，他们一起去看历史古装剧《钗头凤》，写戏的编剧热情地招呼杨绛，却不怎么搭理钱锺书。他未免有点失落，以后就不大去看戏了。

杨绛在戏剧界名噪一时，回到家里却毫无骄气。钱锺书向友人辛笛称誉她的三件事中，头一件就是“《称心如意》上演，杨绛一夜成名，可是你还和以前一样，一点没变，就像什么也没发生，照旧烧饭、洗衣，照顾我吃药”。

对妻子的骤然走红，钱锺书并没有感到心理不平衡。他说：“照理我应该嫉妒你，可是我最敬佩你。”

这对夫妻，甘为对方的粉丝。

为他甘为『灶下婢』

在湘西蓝田那些漫漫的长夜里，远离妻女的钱锺书以写作和阅读来打发时光，就在那时候，一部小说的蓝图已在他脑中构思好，一个个惟妙惟肖的人物慢慢在他脑海中鲜明起来，呼之欲出。

这就是后来的《围城》。

凡是写作者都会有这样的感受：当脑子里的人物活跃到一定程度时，总是会迫不及待地想把他们写出来。

回到上海的钱锺书，就饱受着这种创作欲的折磨。那时的他有一种惶急的情绪，手里正忙着写下半部《谈艺录》，又忍不住想写小说。他35岁生日诗里有一联“书癖钻窗蜂未出，诗情绕树鹊难安”，正是描写这种创作欲太过旺盛以至兼顾不及的心境。

《称心如意》上演后，钱锺书去看了，回来后对杨绛说：“我也要写，我想写一部长篇小说！”杨绛听了很高兴，忙催他快写。他却还是顾虑时间分配不过来，杨绛忙开解他说：“不要紧，你可以减少授课钟点。家里的生活很节俭，还可以再节俭些。”

正好那阵家里的女佣辞工回家，杨绛为节省开支就暂时不请女佣，而是自己充当“灶下婢”。

那时她已经是小有名气的剧作家了，可在家里，却承担了所有的家事。国内的家务比出国留学时烦冗了许多，劈柴、生火、烧饭、洗衣这些她都一力承担，她毕竟以前是个娇小姐，没干惯这些粗活儿，不是被滚油烫出泡来，就是被染了个大花脸。她还学会了自制煤球，用煤末子掺上煤灰，再和上水，一个个揉成煤饼，砌在窗台上。做煤饼时黑色的煤末会嵌入指甲缝里，素来喜爱整洁的她也顾不上了。

在钱锺书写《围城》期间，她一个人每天要完成这些事：教因体弱休学在家的圆圆功课；给全家人做三顿饭；洗婆婆、丈夫、女儿和自己的衣服；还得抽空写她的第四个剧本《风絮》。钱锺书见她忙得像个陀螺，暗自心疼，便关上卫生间的门，悄悄洗自己的衣服，但他没做过家务，所以洗得一点都不干净，每次杨绛还得背着他重洗一遍，但对他的这份心意，她还是心怀感激。

她的付出赢得了钱家上下一致的好评，婆婆心疼地劝她吃点好的；公公来信赞她“安贫乐道”；婶婶也夸她笔杆摇得，锅铲握得，上得厅堂，下得厨房，入水能游，出水能跳，说钱锺书是“痴人有痴福”。

饶是如此劳累，她还是觉得自己的辛苦很值得，因为她和钱锺书一样，都是那种把精神生活看得高于一切的人。能够在第一时间读到丈夫所写的小说，那种乐趣远远胜过了物质上的享受。

《围城》从 1944 年写到 1946 年，足足写了两年，钱锺书称自己是“锱铢积累”写成的，她则是“锱铢积累”读完的。他每天大概写 500 字，写好修订后就急不可耐地拿给她看，她接过去马上急不可耐地读完。

因为熟悉其中一些人的影子，她每每读到会心处，就乐得大笑，钱锺书也看着她大笑，两人相对而笑，心照不宣。读完今天写的 500 字，她已经急切地期待着明天的内容。

这一幕，不禁让人想起脂砚斋点评《石头记》的故事来，和那位熟悉曹雪芹的脂砚斋一样，杨绛也熟悉钱锺书笔下的典故和人物，毫无疑问，她们都是作者的理想读者。写作长篇小说本来是件很寂寞的事，有这样一位理想读者每日交流督促，想必也会无形中增加不少动力。

《围城》也和《红楼梦》一样，虽是虚构的故事，却都有真实生活的原型。比如主角方鸿渐就和钱锺书一样，是无锡人士，留过洋，但他们的性格和经历都完全不一样。方鸿渐的父亲方遯翁，其身上的名士之风也和钱基博有所相似。

至于杨绛本人，她不仅是小说的第一读者，还为《围城》提供了不少素材。她将曾经在启明上学时的经历告诉钱锺书，结果后者把启明中一个姆姆的口头禅写进了书中；她在清华做学生的时候，春假外出旅游夜宿荒村，梦见身下有个小娃娃直嚷："压住了我的红棉袄。"这段逸事也被钱锺书写进了小说中。

细心的读者可能还会发现，《围城》中的唐晓芙身上，隐约可以见到杨绛的影子。唐晓芙显然是作者偏爱的女性人物，我们且来看一看，刚出场的她在男主角方鸿渐眼里是什么样的形象：

"唐小姐妩媚端正的圆脸，有两个浅酒窝。天生着一般女人要花钱费时、调脂和粉来仿造的好脸色，新鲜得使人见了忘掉口渴而又觉嘴馋，仿佛是好水果。她眼睛并不顶大，可是灵活温柔，反衬得许多女人的大眼睛只像政治家讲的大话，大而无当。"

圆脸，仿佛好水果一样的好脸色，不顶大而灵活温柔的眼睛。这几样特征，简直像是照着少女时代的杨绛描绘出来的。除了容貌相似，唐晓芙的家世、素养也与杨绛相近，只是她性格更活泼些，杨绛比较沉静。

《围城》中的女性大多并不可爱，苏文纨太矫情，鲍小姐太不知检点，孙柔嘉则城府太深，只有唐晓芙单纯、清新、可爱，所以作者盛赞她："总而言之，唐小姐是摩登文明社会里那桩罕物——一个真正的女孩子。有许多都市女孩子已经是装模作样的早熟女人，算不得孩子；有许多女孩子只是混沌痴顽的无性别孩子，还说不上女人。"

当然，小说中的人物不可能照搬生活中的一个人，而是杂糅了数个人物的特质于一体。杨绛后来写《记钱锺书与〈围城〉》一文，说到了书中很多人物的原型是谁，但唯独没有提唐晓芙。只是在对吴学昭口述往事时，提起过钱锺书写唐晓芙这一人物时说要向她"借些影儿"。

作家心目中的女神，往往是他们笔下理想女性人物形象的来源，金庸一生痴恋夏梦，所以他笔下的黄蓉、小龙女都有夏梦的影子。但像钱锺书这样，把妻子当成理想女性的原型，实属少见，这也是他"痴气"的一种表现。

所以杨绛评价说："我认为《管锥编》《谈艺录》的作者是个好学深思的锺书，《槐聚诗存》的作者是个'忧时伤生'的锺书，《围城》的作者呢，就是个痴气旺盛的锺书。"

不得不说，她始终是最了解钱锺书的人，这几句点评勾勒出了一个立体而鲜活的钱锺书。得妻如此，夫复何求。

钱锺书出版第一本书《写在人生边上》时，曾郑重地题词“赠予季康”，后来再出短篇小说集《人·兽·鬼》，他甚至在样书扉页上写道：“赠予杨季康。绝无仅有地结合了各不相容的三者，妻子、情人、朋友。”这时候，他们结婚已有十余年，他待她仍一如当初。这样的赞美之词，可说是别开生面、绝无仅有的。

等到《围城》问世后，他没有再写“赠予季康”，而是在序里写了这样一段感谢的话：“这本书整整写了两年。两年里忧世伤生，屡想中止。由于杨绛女士不断地督促，替我挡了许多事，省出时间来，得以锱铢积累地写完。”

《围城》1946年才写完，完稿后在《文艺复兴》上连载，和当时张爱玲的小说在《紫罗兰》上连载一样惹人注目。读者眼巴巴地等着下一期杂志出来，买到手后，先看《围城》。很多读者纷纷打听作者是谁，有人回答说，钱锺书就是杨绛的丈夫。

钱锺书由此有了大批的粉丝，不少人看了他的《围城》后，自行上门来结交。其中甚至有热情而大胆的女学生，认定作者和方鸿渐一样婚姻不幸福，来信说要和他做“非一般的朋友”。有些认识的朋友按照索隐的方式去读小说，觉得被他写进了书里，很不高兴。索隐派还将杨绛当成了孙柔嘉，有一次，钱锺书的学生上门拜访，见了杨绛后，那学生禁不住说：“钱先生，其实您的柔嘉蛮不错的嘛！”

李健吾看到这部书稿时，也不禁吃了一惊，他没想到这个做学问的书虫子，竟然写起小说来了，而且一写就出手不凡，俨然是一部“新儒林外史”。

剧作家杨绛摇身一变，成了小说家钱锺书的夫人。对于这个变化，钱锺书不无骄傲，杨绛本人也充满喜悦。

这股《围城》热持续了很久，到了20世纪80年代，还余热未衰，以至于全国都争说《围城》。有位读者特别想见作者，钱锺书在电话里毫不客气地对她说：“如果你吃了一个鸡蛋，觉得好吃，你又何必去认识下蛋的母鸡呢？”

上海电影制片厂的导演黄蜀芹，偶然在延安的一个小书店里买到本《围城》，读了之后拍案叫好，欲改编成电视剧。黄蜀芹的父亲是黄佐临，也就是杨绛剧作《称心如意》的导演，说起来两家还颇有渊源。

黄蜀芹让父亲写了封介绍信，然后带着已编好的电视剧本亲自到钱家拜访。她的诚意打动了钱杨二人，杨绛不愧是戏剧业的行家，她仔细读过黄蜀芹的剧本，提出了四十多处修改的意见，这些意见后来都被采纳了。

《围城》开头的那两句旁白，也出自杨绛之手：“围在城里的人想逃出来，城外的人想冲进去。对婚姻也罢，职业也罢，人生的愿望大都如此。”

很多年以后，观众们可能都已淡忘了电视剧《围城》的剧情，但是对开头的这几句旁白却记忆犹新，成了《围城》的最佳注解，起到了画龙点睛的作用。

婚姻真的是一座围城吗？也许对于大多数人来说的确如此，幸运的是，《围城》的作者和他的夫人，显然从未有过身处城中的无奈和困顿感。他们属于极少数的幸运者。

世界上最疼爱她的那个人去了

1945年暮春的一天，杨绛接到弟弟的电话，说父亲生病了，让她赶紧回苏州。她和小妹妹杨必好不容易买到车票，一路无比颠簸，到了太仓时，路断了，河上没桥，只得原路返回上海。

杨绛带着杨必回到上海钱家，惊魂未定地说："走了一天，又回来了。"客堂里坐满了人，大家看着她们姐妹俩，谁也不说话。钱锺书走过来牵着她的手走到厨房稍暗处，沉痛地告诉她："刚才苏州来了电话，爸爸已经过去了。"杨绛姐妹俩如雷轰顶，相对痛哭。

第二天终于回到苏州，父亲的灵堂已经布置好了，棺木停在大厅上，白布幔上挂着他的遗像，幔前有一张小破桌子。杨绛像往常一样为父亲泡了一碗浓浓的盖碗茶，放到破桌上，然后坐在门槛上哀哀地哭了起来。

因为尚在战乱中，父亲的丧事很简单，来吊丧的人并不多。庆幸的是，父亲之前已将母亲灵柩找回并迁到公墓，这下可以圆了父母合葬的遗愿。

苏州庙堂巷的这所房子，曾经留下一家人多少欢声笑语。如今虽然已经败落不堪，但她们姐妹也不忍心将之出售，而是决定留存下来，也留存一段生命中最美好的回忆。

这是杨绛第二次失去生命中的至亲。前一次人在异乡，听闻噩耗时母亲已去世多时，悲哀好像也隔了一层。这一次的悲哀却如此分明，因为走的那个人是父亲啊。

父亲是世界上最疼爱她的那个人。

关于父亲的往事，一幕一幕地浮现在眼前。

父亲得知她们母女归国，怕她们住在婆家受委屈，忙从三姐姐家带花园的宽敞洋房中搬出来，另租了一套小小的房子带着她们母女一起住。

父亲在所有儿子女儿里，最疼爱的就是她，连带着对她的女儿，也未免偏疼一些。圆圆回国后，一开始没请到小阿姨，他就亲自带她，自称“奶公”。

他有一只心爱的小耳枕，是母亲在世时特地给他做的，中间有个孔，睡觉时可以把耳朵放进去。这只小耳枕他谁也不让碰，只有圆圆可以睡。他睡午觉时，就让圆圆枕着那只小耳枕睡在他的脚头，这是连杨绛都没有享受过的待遇。

圆圆记性好，外公欢喜地称赞她“过目不忘”。有一次，杨绛怕家里太挤，去外面另找房子住，搬出去之前，外公对圆圆说：“搬出去，就没有外公疼了。”圆圆听懂了他的话，眼泪大颗大颗地掉下来，把外公膝盖上的麻纱裤都浸湿了。很少落泪的外公也跟着哭了。

杨绛姐妹们都很有孝心，自从母亲去世后，待父亲就更贴心了。她们陪父亲上街买鞋，为父亲在家理发，她们还特地买来各种精致的糖果点心，装在父亲床头的瓶瓶罐罐里。姐妹们时不时检查下哪个罐子空了，知道父亲爱吃哪种糖果，就连忙再买来装满了，她们自以为做得十分隐秘。谁知道父亲去世后，杨绛从他的日记中看到，父亲每次都记着“阿 × 来，馈 ×”，原来他对女儿们的孝心一点一滴都看在眼里。

父亲和钱锺书都是读书人，翁婿间相处得非常融洽。钱锺书不怎么服自己的父亲，但很服岳父。他们常常在一起相与笑乐，说些精致典雅的淘气话，谈笑终日，父亲还问过杨绛：“锺书总是这么高兴吗？”

钱锺书奉父命去蓝田师院前，她心里很不乐意，希望他留在联大任教。她回娘家后说了心事，父亲听了却一言不发，没有发表任何意见。她从父亲的沉默中得到了启示，知道应该尊重钱锺书的选择，他既决心不违背父意，她自然不该干预。

父亲去世后，作为女婿的钱锺书也十分怀念他，岳父留下来的旧衣旧鞋，他都当宝贝一样经常穿着，称为“爸爸衣”“爸爸鞋”。杨绛后来整理父亲的遗文，有一次，翻遍全书也找不到所引的原句，她说：“准是爸爸随笔写来，引用错了。”钱锺书却很笃定地说：“爸爸绝不引错。”他思索一番，觉得那位作者肯定还有逸文。杨绛照着他说的去找，果然找到了原句。他每每看到稿子里有感兴趣的篇章，常神往地说：“我若能和爸爸相对议论，该多有趣。”

父亲一生刚直忠贞，他在家从不谈国事，却无形中让子女受到他爱国心的感召。那时他的朋友中不乏做了汉奸走狗的，有时杨绛姐妹诧异某某人很久没来了，父亲就说没脸来了，意思是那人“落水”了。还有一次，父亲在公园散步碰到一个沦为汉奸的熟人，公然视而不见，那人颇为愤然，说“杨荫杭眼睛瞎了”。

受父亲的影响，杨绛姐妹虽对政治均没什么兴趣，但底线却非常明确。

杨绛最为父亲感到难过的是，眼见着抗战就要成功了，父亲却在胜利前夕去世了。“家祭无忘告乃翁”，纵然如此，又如何能抚平父亲心头的憾恨？

日本投降的消息传来后，她想起父亲来，一个人在亭子间簌簌流泪，深深为父亲感到遗憾。钱锺书安慰她说：“无论如何，漫漫长夜已经过去，爸爸会为我们高兴，为国家高兴。我们终于熬过来了。”

父亲对子女都很民主，从不“专儿女的政”。杨绛还记得，父亲从上海回苏州前，把小妹妹杨必托付给她。说起杨必的婚事，父亲严肃地说：“如果没有好的，宁可不嫁。”怎么也没想到，这就是父亲对她说的最后一番话。

父亲有一箱子古钱，说是要留给杨必以后出国留学用，这一箱子钱，后来都在动荡中散落无踪。父亲去世后，她们姐妹曾在上海霞飞路一家珠宝店的橱窗里看到一个陈抟老祖像，那是用竹根制成的，父亲常常摆在书案上，常用“棕老虎”（棕制圆形硬刷）给陈抟刷头皮，所以她们一眼就认出来了。还有一次，在另一家珠宝店里看到父亲的另一件玩物。物是人非，难免有睹物思人、“是耶非耶”的幻灭之感。

父亲去世后，杨绛始终怀念着他。20 世纪 90 年代，她特意汇集父亲 20 年代的文章，编成《老圃遗文辑》。那些文章大多是父亲发表在《申报》上的时评，从中可想见父亲“铁肩担道义、妙手著文章”的风范。

杨绛常觉得，父亲这辈子，在培育子女身上花费了太多心血，以至于未能充分发挥自己的才能，写出满意的作品来。她有时候想，若父亲能像自己一样长寿，他写的《诗骚体韵》准可以写成出版，可是以父亲宁折不弯的性格，如果活到“文化大革命”时，大概是会给红卫兵打死的。

她在翻译《堂吉诃德》时，总觉得最伤心的是堂吉诃德临终前说的一句话：“我不是堂吉诃德，我只是善人吉哈诺。”想起父亲来，觉得她只能替他说：“我不是堂吉诃德，我只是你们的爸爸。”

父亲没有留下什么大部头的作品，他最好的作品就是他的儿女们。能够有这样的父亲，是杨绛姐妹一辈子的幸运。

只愿在祖国做个倔强的老百姓

战乱年代，最是考验人的定性。陷入敌伪统治的上海，到处风声鹤唳。有些人在日军和汪伪政府的威逼利诱下，失足落溷，有些人却守住了内心的底线。

钱锺书和杨绛便是后者。尽管那时贫病交加，生活困顿，他们却巍巍有骨气，艰难度日而不失本真。

杨绛外表看似柔弱，内心却不乏铁骨铮铮的一面，颇有其父之风。她对日本人憎恶至极，有时甚至将这种憎恶表现了出来。

她在北区工部局小学当代课教员时，要乘有轨电车经过黄埔大桥，再在桥头下车排队步行过桥。这时日军已进驻上海租界，把守在桥头，每个经过的行人都要向日军鞠躬。杨绛不愿行这个礼，往往低头而过，侥幸没被注意到。

后来日军改了办法，电车过桥时，乘客不必下车而由日本兵上车检查。检查时，乘客都得起立。有一次杨绛比别人起立得稍晚些，一个日本兵见她低头站着，很不高兴地走过来，用食指将她的下巴猛地一抬。杨绛怒火中烧，很想骂他一句，但她是个不会骂人的大小姐，盛怒之下也只不过盯着他大声喝道："岂有此理！"

这已经算闯了大祸了，车上的人都不敢作声，日本兵听不懂她说的话，对她怒目以视。她不能公然对抗，就怒目瞪着前面的车窗，相持了一段时间，那日本兵终于转身下车。杨绛身边的同事吓坏了，不停地说："啊唷，啊唷，侬吓煞吾哉！侬哪能格？侬发痴啦？"所幸后来那个日本兵并没有前来打击报复。

钱杨二人找工作，凡是和敌寇势力沾边的，不管待遇多好，都一概不碰。杨绛任职的北区工部局小学被日本人接管后，她马上就辞职了。

不少投靠了敌伪政府的文人看中了钱锺书的才华，也想拉他一起"下水"。钱锺书每每以诗自喻，如"彼舟鹢首方西指，而我激箭心东归"，暗指自己和对方志不同道不合，并请来客好自为之，说客气得拂袖而去，连呼钱锺书实在太冥顽。他自己却借诗明志说："此身自断终不悔，七命七启徒相规。"此句写得字字铿锵，掷地有声，可见凛然风骨。

1945年4月，日军濒临战败，对上海控制更严，黎明前的黑暗愈加难熬。日军常任意冲入民宅，逮捕市民。杨绛不幸也被此波及，受了好大一场惊吓。

一天，她正在厨房择菜，听见敲门声，打开门一看，外面站着一个日本人，一个朝鲜人。杨绛每临危难时，常常显现出有决断力的一面。这时她心知不妙，急中生智，首先想到的就是得保住钱锺书的手稿，不能让日本人抢了去。

她借倒茶为由，飞快地跑上亭子间将钱锺书《谈艺录》的手稿藏好，那稿纸薄而脆，绝经不起敌人的粗暴翻检。随后倒茶送进客堂，茶在这里只是烟幕。

日本兵简单地盘问了几句，问她姓什么，她答说姓钱。叔叔偷看到日本人的小本子上写着“杨绛”两个字，定要她去躲一躲。她趁日本人打电话时，偷偷由后门溜走，走到邻居家里。她在邻居家吃了饭，镇定如常，饭后还帮着邻居一起绕毛线。这时钱锺书的堂弟走来说，日本人不肯走，嫂嫂不回去，就要把他和另一个堂弟带走。

杨绛挂念家人安危，忙叫堂弟去巷子口通知钱锺书让他别回家，自己拿了一篮子鸡蛋，装作从外面买鸡蛋回来。那日本人叫了她，大声喝问:“杨绛是谁？”她从容地回答说:“就是我。”日本人拿出一张名片给她，让她明天去宪兵司令部。

那晚全家都很担忧，杨绛却镇定如常，晚上睡得相当平静。第二天她吃过早点后，穿一身黑衣服，在包里放一本《杜诗镜铨》就出门了，临走前告诉家里人：如果过了一夜不归，再设法求人营救。

到了宪兵司令部，她坐在会客室里，像平常一样，拿出《杜诗镜铨》来孜孜细读，刚读完一卷，昨天那日本人走进来，拿起她的书一看，笑着说："杜甫的诗很好啊。"然后又问了她一些问题，口气很温和，态度很客气，一点都没有为难她。待问完之后，还把她送到大门口。她回到家里，一家人才放下心来。

后来才知道，原来日本人找的是另外一个人，以为"杨绛"是他的化名，才误传了她去。朋友们都说她很幸运，日本人待她很客气。可能是她态度从容、毫不畏惧的作风震慑了日本人，所以并没有吃亏。她的朋友李健吾就没那么好运了，在宪兵部经历了诸如灌自来水等种种酷刑。

那时候大家谁也不知道抗战什么时候才会结束，真不知"长夜漫漫何时旦"。他们这时候交了一些朋友，和傅雷夫妇尤其要好，晚饭后常常去他家夜谈。有人说傅雷"孤傲如云中鹤"，但他在朋友面前却十分友好。杨绛后来回想起他，最先浮现在眼前的，总是个含笑的傅雷，眼里是笑，嘴边是笑，满脸是笑。

傅雷待他们夫妇都青眼有加，钱锺书是唯一敢当众打趣他的人。他和朋友们在客厅夜话，两个儿子总爱躲在门外偷听，他们爱听“钱伯伯”说话。傅雷在他们面前，常自比为“墙洞里的小老鼠”，感叹乱世里人心叵测，世情险恶。

傅雷眼高于顶，轻易不许人，有一次见了杨绛刊登在《观察》上的一篇译文《随铁大少回家》，竟兴冲冲地夸奖了她一番。杨绛只当他是敷衍自己，便照例谦逊一番。谁料傅雷怫然不悦，沉着脸发作道：“杨绛，你知道吗？我的称赞是不容易的。”

抗战结束后，他们的境遇改善了很多。钱锺书在中央图书馆做外文部总纂，后来还兼任上海暨南大学的教授，杨绛则在震旦女子文理学院任教。

好不容易赶走了日本人，上海文坛却还是人心惶惶，不少人在考虑究竟何去何从。他们认识的人中，胡适去了台湾，郑振铎去了香港，宋淇先是去了香港，后来又去了台湾。

钱锺书和杨绛却打定主意要留下来，他们并不是天真的知识分子，也读过一些描写苏联铁幕后面情况的英文小说。但他们猜想，中国和苏联的情况有所不同，他们别无所求，只想在祖国做个驯良的老百姓。

钱锺书少年时是个很狂放的人，战乱中的险恶处境让他洞察了世态人心，狂气也为之收敛了不少。他曾说：“一个人二十不狂没志气，三十犹狂是无识妄人。”从这时到后来，他和杨绛都成了孔子所说的狷者，狂者进取，狷者有所不为，他们始终保持着知识分子固有的骨气和清高。

一次钱锺书去南京汇报工作，回来比平常要早得多，杨绛觉得奇怪。他解释说："今天晚宴，要和'极峰'握手，我趁早溜回来了。"

他们有过很多远走高飞的机会。香港大学请钱锺书做文学院院长，他婉拒说"（香港）不是学人久居之地，以不涉足为宜"；牛津大学也发来邀请，想聘钱锺书做高级讲师，他推辞说牛津的天气太恶劣了。曾任联合国教科文会议第一届大会代表团团长的朱家骅，非常赏识钱锺书，许给他联合国教科文组织的职位，并表示能为他的夫人谋一职位。钱锺书一口拒绝，私下对杨绛说："那是胡萝卜！""胡萝卜"背后总伴随着"大棒"，他不愿意受胡萝卜的引诱，也不愿受大棒的驱使。

人心惶惶时，他们并不惶惶然，因为早在 1938 年他们在战火纷飞中回到祖国时，就已决定了要留在这片土地上。关于这种心境，杨绛在《我们仨》中说得很明白，不愿意去父母之邦，是因为当时我国是国耻重重的弱国，跑出去仰人鼻息，只能做二等公民，"我们是倔强的中国老百姓，不愿意做外国人"。

更重要的是，他们是文化人，爱祖国的文化，爱祖国的文字，爱祖国的语言。杨绛如是说："中国的语言是我们喝奶时喝下去的，我们是怎么也不肯放弃的。”正是基于这种对祖国文化的热爱，他们才不愿意远走他乡，因为文化的根始终在这里。

钱锺书常引柳永的词说明对故土的依恋：“衣带渐宽终不悔，为伊消得人憔悴。”祖国就是他们无论如何也撇不下的“伊”——也就是“咱们”或“我们”。杨绛在《干校六记》中深情地写道：“尽管亿万‘咱们’或‘我们’中人素不相识，终归同属一体，痛痒相关，息息相关，都是甩不开的自己的一部分。”

很多年以后，已经步入老年的他们双双下放，在干校里辛苦“改造”，杨绛悄悄地问钱锺书：“你悔不悔当初留下不走？”

钱锺书毫不犹豫地回答：“时光倒流，我还是照老样。”

这才是真正地对这片土地爱得深沉吧。

第五卷 乌云镶金边

乌云蔽天的岁月
是不堪回首的，
可是停留在我记忆里
不易磨灭的，
倒是那一道含蕴着
光和热的金边。

人生到底是什么滋味？在《走到人生边上》一书中，杨绛说了四个字：人生实苦。

欢娱的日子总是那么短暂，进入中年的杨绛，将迎来一连串的疾风骤雨："三反""反右派斗争""大跃进"，然后是十年动乱。

接二连三的动荡犹如试金石，它可以让虚伪的人露出原形，也可以让真诚的人愈加坦荡。所幸杨绛和钱锺书通过了这场考验，在动乱中，他们的身份和以前相比完全"颠倒过来"了，却依旧不怨天，不尤人，在"大鸣大放"的时候，依然保持着可贵的沉默。

高压之下，多少人丑态毕露，但真正高贵的人却会在黑暗中绽放出高洁的一面来，那是人性的微光，使人类文明不至于堕入无底的黑暗。

人们没想到，看起来弱质纤纤的杨绛，居然有金刚怒目的一面，也有悲天悯人的一面。她始终有一股向上之气，那股向上之气来自她对文化的信仰，对人性的信赖。

风雨过后，她把这一切比喻成锻炼。她说，一个人经过不同程度的锻炼，就获得不同程度的修养，不同程度的效益。好比香料，捣得越碎，磨得越细，香得越浓烈。

人生的确是苦的，但也不要忘记了，每朵乌云都镶着金边。

山雨欲来风满楼

1949 年 8 月 24 日，杨绛和钱锺书带着女儿圆圆，登上了前往北京的火车。这趟车他们曾乘过许多遍，这一次，他们将从此后定居京华，江南成了旧乡。

此次北上，他们是应母校清华之邀，去那里的外文系任教。

多年的操劳，累坏了杨绛，近年来她总觉得病恹恹的，提不起精神来，午后总有几分低烧，体重每个月都减轻一磅。钱锺书心疼妻子，想着换换空气也许就好了，所以才想着去清华任教。

杨绛对清华有着特殊的感情，当重返母校的那一刻，她的心间一下涌现出华兹华斯的诗句“My heart leaps up when I behold…”（我心跃起……）

清华园中遍植嘉木，郁郁葱葱，圆圆曾经惊叹：“水木清华是世界上最美丽的地方。”生活在这风景如画的校园，杨绛病弱的身体很快就恢复了健康。

清华有规定，夫妻二人不能同时任正式教授。杨绛自然是不可能和丈夫相争的，于是钱锺书入职做了外文系正式的教授，教大二英文，另外还教西洋文学史和经典文学之哲学。杨绛则自愿做个兼职的教授，教英国小说选读，她自称是“散工”，在待遇方面虽不能和丈夫相比，但乐在清闲，正好有很多空闲的时间可以用来读书。

这是他们一家三口最轻松惬意的一段时光。国内大局已定，一切都是光明的、新鲜的，这样的局势让人安心。到了清华，最开心的当数他们的女儿圆圆。圆圆现在已经12岁了，不再是小丫头了，我们该称她的学名钱瑗了。钱瑗自幼体弱多病，在上海的时候，曾经生过一场大病，右手的食指骨关节肿大，医生诊断说是骨结核，并下结论说：“此病目前无药可治。”

钱瑗听了，含着眼泪跟妈妈说：“我要害死你们了。”杨绛忙安慰她说这病生得还算是时候。那时正是1947年，对日战争已经结束，家中的条件改善了不少。杨绛让女儿躺在床上休养，每天喂她吃药和营养品，十个月之后，钱瑗胖了一圈，病也好了。

到北京后，杨绛怜惜女儿体弱，怕她去初中念书功课繁重，便让她休学在家，自己教她初中课程。钱瑗和妈妈一样，具有超强的自学能力。杨绛教她数学，教着教着觉得吃力，便对她说："妈妈跟不上了，你自己做下去，能吗？"钱瑗居然真的无师自通，学完了初中的数学课程，顺利地考上了贝满女中，后来考入北京师范大学俄语系，毕业后留校任教，成了家里第三位教师尖兵。在数学方面，她比父母的天赋好得多，钱锺书当年考清华，数学只有十五分。

十几岁的钱瑗，已经长成了爸爸妈妈的贴心小棉袄。很多时候，钱锺书到外地出差时，不是吩咐妻子照顾女儿，而是叮嘱女儿照顾好妈妈。

杨绛胆子很小，素来怕鬼，钱瑗却胆子很大，一点都不怕。每次杨绛要去温德先生家听音乐，都是女儿陪着她同去。钱瑗还会帮妈妈干活儿，有一次下大雪，家里的用人不在，没人往屋里挑煤，她力气小挑不起煤，便把煤炭中的猫屎铲去，好给妈妈节省一道工序。

女儿如此贴心懂事，杨绛无须在她身上花费太多时间，便有了更多的精力去做自己的事。授课之余，她翻译了自己的第一部长篇译作——《小癞子》，这是西方"流浪汉小说"的鼻祖，采取自述体裁，由一个卑贱天真的穷苦孩子，讲自己一处处的流浪生活。杨绛很喜欢这种用幽默来讲述苦难的题材，所以悉心翻译了此书。她最初是根据英译本转译的，后来又照法译本重译了一遍，等到自学了西班牙语后，又根据西班牙原文再译一遍。她深深觉得："从原文翻译，少绕一个弯，不仅容易，也免了不必要的错误。"

杨绛在所有文体中，对小说最情有独钟。可她一生有译著多部，写的小说却寥寥无几。她在翻译上投入了如此多的精力，一来是时势使然，二来也离不开她父亲杨荫杭的影响。父亲曾对她说："与其写空洞无物的文章，不如翻译些外国有价值的作品。"又说："翻译大有可为。"这些话虽是父亲不经意时说的，她却一直记在心上。

在清华居住的时光，对于他们一家三口都是弥足珍贵的美好回忆。其实钱锺书在清华仅仅待了一年，第二年就被抽调去翻译毛泽东作品了。

那一年间，他们小小的居室里常常有良朋来晤，环绕着欢声笑语。他们甚至还养了一只猫，叫作"花花儿"。这是只通人性的猫，和杨绛最亲，每天早上，都要亲昵地闻闻她，对她行个"早安礼"。

钱锺书非常宠爱花花儿，甚至干过为猫打架的事。那时林徽因一家住在他们家隔壁，她家也养了一只猫，是全家"爱的焦点"。两家的猫常争风吃醋，在房顶打架。钱锺书有时躺下了，听见猫儿号叫，便迅速从温暖的被窝里钻出来，拿起竹竿要去给花花儿助威。杨绛忙劝他，打猫也要看主妇面，不要为猫儿伤了两家的和气。幸好林家并不知道他在为自家猫儿助阵，两家还是相处得客客气气的。

重返清华不久后，杨绛夫妇就敏感地察觉到此时的清华已不复旧时清华。宁静的校园内似乎在酝酿着一场风暴，果然没过多久，知识分子思想改造运动就开始了。这场运动又称“三反”，即“反贪污、反浪费、反官僚主义”，其实也就是给知识分子们“脱裤子、割尾巴”，这样的话读书人说不出口，就戏称为“洗澡”。

那时大学中很多女同志已经率先穿上了列宁服，杨绛还是穿着从上海带来的旗袍，撑一把小阳伞，像是仍停留在旧时光里。

老友周芬曾经到清华来探访过杨绛，回去后，同学们问她：“（杨绛）还是那么娇滴滴的吗？”她笑着回答：“还是那么娇滴滴的。”这种娇滴滴的印象，可能是指杨绛那种旧时淑女的风度。

“洗澡”开始了，费孝通还做了全校性的“示范报告”。杨绛没去听，有人告诉她，在报告里，费孝通检讨说，他“向上爬”的思想最初是“因为他的女朋友看不起他”。这个女朋友显然是指杨绛，她听了一笑了之。

杨绛当时在清华做兼职教授，她讲授的英国小说选读，当时和诗歌、戏剧同被认为是三大“危险课”之一，很容易犯政治错误。于是她上课时索性避谈政治，着重讲小说的技巧，讲英国小说，自然绕不开简·奥斯丁的《傲慢与偏见》、狄更斯的《大卫·科波菲尔》等著作，里面有大段关于恋爱的描写。比方提到男主人公恋爱时觉也不睡，饭也不吃，她解读说："写恋爱用这种方式是陈腐的滥调。"

轮到她"洗澡"的时候，她自我检讨说自己满足于当贤妻良母，没有新中国人民的主人翁感，检讨一次性就通过了。去开控诉大会时，她怀着轻松愉快的心情，叫了个亲戚一同去听。

结果在控诉大会上，有个杨绛从来没见过的女孩登上了台，咬牙切齿地大声列举杨绛的罪名：

"杨季康先生上课不讲工人，专谈恋爱。"

"杨季康先生教导我们，恋爱应当吃不下饭，睡不着觉。"

"杨季康先生教导我们，见了情人，应当脸发白，腿发软。"

"杨季康先生甚至于教导我们，结了婚的女人也应当谈恋爱。"

杨绛见那女孩并不是她班上的学生，不禁茫然失措。台下听众一片哄然，她那位亲戚则十分气愤。还是费孝通看不下去了，递了张纸条给那个女孩，让她说得简短点。

散会后，大家都远远地避开杨绛。有一个女人感叹说："唉，还不如我们无才无能的呢！"

杨绛自问并没有说过那些话，可这会儿她无从辩解，也没有人听她的辩解。她深感怒火中烧，像个鼓鼓的皮球，没法按下个凹处来承受这份侮辱。

第二天她想通了，既然问心无愧，何必如此愤怒。早上起来，她特意打扮得喜盈盈的，拎个菜篮走到校内菜市场人最多的地方去转悠，她就是要看看，人们听到了那些诬蔑攻击她的话，会怎么对她。果然有些人就假装没看见她，可还是有人照常和她打招呼。

她那时暗想："假如我是一个娇嫩的女人，我还有什么脸见人呢？我只好关门上吊啊！"幸好她并没有大家看起来那么娇嫩，而是坦然地迈过了这一关。

这是对知识分子的首波冲击，有些人并没有熬过去。杨绛和钱锺书有位共同的朋友叫高崇熙，是清华大学化学系的创办者。他性子高傲，有些落落寡欢。在思想改造的浪潮中，像他这样的知识分子自然会被卷入其中。一个周末，杨绛夫妇经过化工厂高家，便走进去拜访高崇熙。

他那天的表现很反常，问他控诉大会举行得如何，他不愿多说，只说快结束了。他好像没什么话要和他们说，却在他们告辞后送了又送，仿佛依依不舍。

过了一天，传来消息，高崇熙昨天自杀了。杨绛后悔不已，心想："只恨我们糊涂，没有及时了解。"现在想起来，他恋恋不舍地送他们出门，何尝不是对生命的留恋，只可惜这份留恋微薄至极，已经无法抗衡他对这世间的厌倦。

这是杨绛在一系列运动中失去的第一个朋友，所以印象特别深刻，后来她还专门撰文怀念高崇熙。空气中弥漫着山雨欲来风满楼的味道，更大的风雨还在后面。

1952 年秋天，钱锺书和杨绛被调离清华，分配到北京大学下属的文学研究所。杨绛从此时开始，先后历任北大文学研究所、中国社科院文学研究所、中国社科院外国文学研究所（下文简称为外文所）的研究员。

调到文学研究所后，他们不得不搬离无限眷恋的清华园，住进了中关园宿舍。爱猫花花儿抗拒新居，搬入后不久就溜走了。

这如同一个预兆，昭示着他们曾经宁静悠然的书斋生活，也将伴随着花花儿的骤然失踪而一去不复返。

灰暗年代的一抹口红

如果没有 20 世纪六七十年代浩浩荡荡的一连串运动，人们对杨绛的印象，可能会永远固化成“娇滴滴的名门淑女”。只有在经历了那么多劫难之后，人们才惊讶地发现，原来这个貌似娇弱的女子居然如此坚韧。

他们住进中关园后，只分配到一套小小的房子。钱锺书将新居命名为“容安居”，取陶渊明名句“审容膝之易安”之意，意思是即使是一间小小的斗室，也足以容身了。杨绛深知夫君的心，特意在门前小院亲手植上垂柳五棵，这是以陶渊明笔下的“五柳先生”自许，蒋和森还特意为他们画了一幅五柳先生和夫人举案齐眉的图。

这对夫妻，只想在纷乱的世界中拥有一张安静的书桌就够了。可惜那个年代很快揭开了风雨飘摇的序幕，继“洗澡”

之后，紧接着就是“反右派斗争”“大跃进”，然后是持续了十年之久的“文化大革命”。

现在的年轻人对这些词语可能已经相当隔膜了，那时候知识分子却几乎人人自危。流行揭发和批斗的年代里，若想避免被揭发和批斗，似乎只剩下一条路可走，那就是将矛头对准其他人。一时间，到处都在大鸣大放，朋友反目、兄弟操戈的事情不知有多少。

在这样的风气中，杨绛和钱锺书始终一言不发。不少人动员他们鸣放，可他们就是不愿奉旨鸣放，不喜欢跟着起哄。杨绛知道钱锺书有时口无遮拦，便嘱咐他说，饭少出去吃，话少讲，不要随波逐流。

只是万万没有想到，许久以后，这种沉默竟然成了某些人攻讦他们的借口。有些满口仁义道德的人指责他们不该明哲保身，而是应该发声抗议。这未免太过苛求了，知人也得论世，在那样的高压之下，能够保持沉默已经是非常了不起的了。沉默至少意味着不作恶，他们用沉默捍卫了自己的良心，也用沉默表达了无声的抗议。

我们不能要求每个人都做斗士，斗士也不符合钱杨夫妇的性格。他们是狷者，不求有所为，但始终保持着有所不为的底线，他们从来没有揭发出卖过任何人，这样的沉默，即是风骨。

反右派斗争中，不少劝他们夫妇发言的人都被划为右派，冯钟璞事后问杨绛："杨先生，你为什么有先见之明？"

杨绛淡然地回答说："我毫无先见之明，只是不喜欢跟着起哄而已。"

她的沉默完全是出自教养，没想到竟保护了自己。

风雨如晦的日子里，看起来娇娇弱弱的杨绛一次又一次让人刮目相看。

第一次让人刮目相看，是1958年"拔白旗"运动中，像她这样的"娇小姐"，自然会被当成"资产阶级白旗"拔掉。文学所组织知识分子深入民间授受改造，也就是"下乡"。杨绛是文学所第一批下乡的，据叶廷芳描述，那时的她"个儿中等，身材匀称，皮肤白皙，步履轻盈、端庄"；"没有一般知识分子女性常有的矜持，见人总是和颜悦色，说话慢条斯理，举止温文尔雅"。

这样一个斯斯文文的女性到了乡下，经受的是前所未有的考验。杨绛戏谑地形容为"过五关斩六将"，五关分别是劳动关、居住关、饮食关、方便关和卫生关。对于生性爱洁的她来说，最难过的就是方便关，乡下人用来方便的缸子多半装得太满，上面的薄板又滑又脆，登上去，令人战战兢兢，生怕跌进缸里去。有一次，她吃坏了肚子，半夜一个人跑出去，谁知道大门锁了，她只得学家中的猫儿，找个远远的地方挖了个坑，解决了问题后再掩上土，铺平落叶。

奇怪的是，老乡们都爱和她接近，愿意跟她说心里话，因为她总是笑眯眯的，愿意听大家说话。有个乡下的老妈妈，见了她就抚摸着她的脸说："噢哟，才十来天，已经没原先光了。"看她如此受老乡欢迎，同行的人都叫她"友好使者"。

下乡两个月，回所汇报时，主管杨绛的领导汇报说"杨季康在乡下能和农民打成一片"，连钱锺书听了都颇为惊奇。这次下乡，老乡们的口碑可以证明，杨绛并不是个只会享受的、娇滴滴的资产阶级女性。她远远比人们想象的能吃苦。

杨绛第二次让人们刮目相看，是在"文化大革命"中。

1966年，杨绛和钱锺书先后被当成资产阶级毒草给"揪"出来了。他们的存款被冻结，工资被停发，不时被押上台去示众批斗。批斗时挂在胸前的牌子还是他们自己制作的，两人各按规定，精工制作，做好了再用楷书写上自己的一款款罪名，然后挂在胸前，各自鉴赏，有种恍然如梦的错觉。

他们被分配了两个新的工作，钱锺书负责扫院子，杨绛则负责扫女厕所。她找来小铲子、小刀子，又用竹筷和布条做了一个小拖把，还准备了一些去污粉之类，把两个肮脏的瓷坑、一个污垢重重的洗手盆和厕所的门窗墙壁都擦洗得焕然一新。大家都说她收拾的厕所干净，连水箱的拉链上都没有一点灰尘。

十年动乱对人最大的折磨不是扣押工资等，而是精神上的侮辱。骄傲了大半生的钱锺书一天被人剃了个“十字头”，顶着这个怪头回到家里后，幸好杨绛心灵手巧，索性把“十字头”剃成个光头。

她自己也被剃光了半个头，成了“阴阳头”。钱锺书比她还着急：这可怎么出门啊，总不能也剃个光头吧。杨绛安慰他说不要紧，她素来有急智，这时灵机一动，想起女儿曾剪下两条大辫子，便找出来用钱锺书的压发帽做底，解开辫子，把头发一小股一小股缝上去，足足费了一夜工夫，做成了一顶简易的假发，第二天就戴着出门了。假发戴着不透风，发色也有些发黄了，可总算聊胜于无。

现在的人说起杨绛来，爱用优雅、知性等词语来形容她，可谁能够想到，这位优雅的女子也曾经扫过女厕所、剃过阴阳头呢！

可是那又怎么样，她扫女厕所，就会将厕所打扫得一尘不染；她被剃了阴阳头，就自己动手做顶假发。那是一个知识分子尊严扫地的时代，她却尽其所能，尽量维持着仅有的体面。有在“文化大革命”中见过她的老人回忆说，那个时候的杨绛，出门时还是打扮得端端正正的，嘴上还抹着口红呢。周围的世界越灰暗，就衬托得她唇上那一抹口红越发鲜亮动人。

外文所的后辈朱虹回忆说，杨绛先生即使在那种情况下，气质也很端庄。朱虹用“漂亮”来形容杨先生，她的那种漂亮，是整个诗书气韵的外在显示，“不用说干校阶段了，她始终收拾得干干净净的，见到我们，拿把糖过来，让我们补身体；不管多脏多累，始终不像我们，拿着脏手就抓馒头，她天生有种大家气派——100 岁了还这样”。

温润是杨绛性格的底色，可要误以为她是个“面人儿”，那就大错特错了。“文化大革命”时，钱锺书在中国社科院文学所被贴了大字报，杨绛就在下边一角贴了张小字报澄清辩诬，群众想压服她认错，她却拒不“认罪”。

群众问：“给钱锺书通风报信的是谁？”

她答：“是我。”

群众又问：“打手电贴小字报的是谁？”

她答：“还是我。提供线索，让同志们调查澄清。”

如此不服管教，惹怒了群众，台下一片厉喝：“谁是你的同志？”杨绛不服气，干脆就称“你们”，还跺着脚据理力争：“就是不符合事实！就是不符合事实！”

革命群众岂是好惹的，于是惩罚她游街示众。递给她一面铜锣，一根棒槌，走几步，就敲一下锣，喊一声“我是资产阶级知识分子”。

试想一下，一个知识分子女性，经受这样的折辱，岂是一般人受得了的。文学所的人一时传为笑谈，作为当事人的杨绛却并不羞愧，她觉得自己没什么丢脸的。游街的时候，她学孙悟空让“元神”跳在半空中，观看着自己那副怪模样，背后还跟着七长八短一队戴高帽子的“牛鬼蛇神”，觉得既滑稽又精彩。

这一幕被很多人认为展现了她性格中“金刚怒目”的一面，可杨绛秉性温厚，即使在“怒目”时，也保持着难得的幽默感。多年后，她在文章中写道：“我心想，你们能逼我‘游街’，却不能叫我屈服。我忍不住要模仿桑丘·潘沙的口吻说：‘我虽然游街出丑，我仍然是个有体面的人！’”

她当然是个有体面的人，外在的体面来自内心的笃定，她这辈子，从来没有失去过自己的底线，一直在小心翼翼地维护着自己的尊严。“三反”“反右派斗争”“文化大革命”……每一次，她都拿出了当年“不晕船”的做法，不管风吹浪打，我自岿然不动，随遇而安，却并不是与世沉浮。

这件事让人们对杨绛的认识更加深了一层，她在外文所有个徒弟叫董衡巽，他用一句话概括了杨绛的个性：“杨先生这个人，没事，绝不去惹事；有事，也绝不怕事。”

绝大多数时候，她采取的方式并不激烈，而是温和而富有智慧。上台挨批斗时，她特意把戴着的高帽子压得低一点，这样就能一边挨批，一边睡觉。她的译作《堂吉诃德》被没收后，她也并不当面和革命小将们起冲突，而是激起他们的同情心，以保护自己的译著。

动乱中多少家庭破裂，而他们一家的感情却更融洽了。杨绛和钱锺书总是一同上班，一同下班，走在路上肩并肩，手挽手，被誉为“模范夫妻”。钱瑗也是个好孩子，坚决不肯和父母划清界限，而是想尽一切办法维护着双亲。

苦难是可以孕育出芬芳的，陈丹燕在《上海的金枝玉叶》中就喜欢用敲开的胡桃做比喻，胡桃核被强力敲开时的惨烈，和敲开后可以散发出来的芳香是同时存在的。如果书中的戴西不曾遇到这样的人生，人们也就无法体会她人性的坚强和醇美。

胡桃的比喻虽然华美，但未免有些惨烈。我还是更喜欢用水来形容杨绛，她常常说自己是一滴清水，我觉得她更像一泓清溪，清澈、澄净，善利万物而不争，水看似明净，却能消融一切污垢，看似柔弱，却能磨穿最坚硬的石头。清溪流过山林，流过尘世，它流动的姿态不断在变化，却始终没有改变去往的方向。

浊世滔滔，清溪在走完它的旅程后，却依旧洁净如初，一如历经磨难后的杨绛。

卑微是最好的隐身衣

给你一件仙家法宝，你想要什么?

杨绛和钱锺书夫妇都要隐身衣，各披一件，到处阅历。

在《隐身衣》这篇文章中，杨绛说其实卑微就是最好的隐身衣，身处卑微，人家就对你视而不见，见而不睹。消失于众人之中，如水珠包孕于海水之内，如细小的野花隐藏在草丛里，不求“勿忘我”，不求“赛牡丹”，得其所哉。

这并不是她在空口说大话，而是经过实际经历所得到的体会。

“文化大革命”中，一切都颠倒过来了。在中国传统社会里一向受人尊敬的知识分子成了“臭老九”，很多人难以忍受这种落差，运动才刚刚开始，和钱杨夫妇一贯交好的傅雷夫妇就双双自杀了。

杨绛却安之若素，她对境遇没那么敏感，淡然地说“我是一个零”，觉得“颠倒过来”也有“颠倒”的好处。她一直想要一件隐身衣而不得，等到地位急剧下降，就自然而然地披上了隐身衣，周围的人哪怕看见了她，有时也装作视而不睹。

比如说让她去打扫厕所，她却发现“收拾厕所有意想不到的好处”：其一，可以躲避红卫兵的盘查，见到红卫兵来了，就能躲入女厕所；其二，可以销毁兴许会带来麻烦的字纸书信；第三个好处最妙，可以得到“向所未识的自由”，杨绛自诩是从旧社会过来的老人，习惯了“多礼”，自从做了扫厕所的，就不妨放肆些，看见不喜欢的人干脆呆着脸理都不理，甚至瞪着眼睛看人。她风趣地形容说“绝没有谁会责备我目中无人，因为我自己早已不是人了”。

鲁迅先生曾有“躲进小楼成一统”之句，对于杨绛来说，被她打扫得干干净净的厕所，也可以暂时充当“休息室”和“避难所”。她还随身携带一些诗词卡片，趁厕所里没有人的时候，就拿出来默诵。

那个年代，对爱书如命的他们来说，最大的苦恼可能在于没什么书可读吧，大部分书都成了禁书，要胆子很大才敢偷偷藏起来看。钱锺书下乡时，甚至连随身携带的字典都拿出来读。

无书可读，怎么办？杨绛觉得不要紧，因为不能读书的话，至少还可以读人。“颠倒过来”了，正好可以看到世态人情的真相，惯于作假的人，这个时候常常会卸下假面具。她认为，世态人情，比明月清风更饶有滋味；可做书读，可当戏看。

知识分子本是受人尊重的，这下子领会到的却多半是敌意和白眼。杨绛住的院子里，有一位“极左大娘”，她本是一位老革命职工的夫人，于是便以“牛鬼蛇神”的批判者自居。在她的指使下，革命小将们拿着束腰的皮带往院里的知识分子身上猛抽，钱锺书背上给抹上鼻涕、唾沫和糨糊，杨绛的头发被剪去了一截。然后又勒令他们脱去鞋袜，绕着院子跑圈儿，以目睹他们的怪相为乐。

同院中有个大姑娘拿一条杨柳枝做鞭子，狠狠地抽在杨绛背上，抽得她肩背上火辣辣地痛，她忍不住回头对那姑娘说：“你爸爸也是我们一样的人。”那姑娘趾高气扬地喝道：“他和你们不一样！”唰地又是一鞭子。后来杨绛才知道，原来她爸爸投靠了什么有权力的人。

别说大人了，连小孩子都受影响，对他们这些“牛鬼蛇神”充满鄙视。有一次他们搬运了一大堆煤块，兑上水做成小方煤块，杨绛逗旁边观看的小女孩说：“瞧，我们做巧克力糖呢，你吃不吃？”那小女孩乐得大笑，可很快就被大人拉走了。过了两天，那小女孩得知杨绛是扫厕所的，从此再也不愿意和杨绛打交道了。

当身处卑微的时候，杨绛可以说是饱经忧患，也见到了世态炎凉。可他们夫妇常把“颠倒过来”的感受，当作是品酒般浅斟细酌，慢慢品尝，这酒虽不好喝，却也别有滋味。杨绛说：“我不能像莎士比亚《暴风雨》里的米兰达，惊呼‘人类多美呀。啊，美丽的新世界……’我却见到了好个新奇的世界。”

当然，再黑暗的时代，也总有人性的微光在闪烁。杨绛是“人道主义者”，她深信每个人都有宝贵的人性，人道主义永远是人间温暖的主义，所以她总能在黑暗中看到光明，在势利和冷漠中体味到人情的温暖。

杨绛那时交自我检讨上去，得到的批语是“你这头披着羊皮的狼”。结果她经过观察发现，那位写批语的监管员面目和善，天性其实并不坏，所以偷偷给他取了个绰号叫“披着狼皮的羊”。她有一次身体不舒服，向那位监管员请假看病，他并不盘问她是看什么病，很和善地点头答应了。其实她并未生病，只是有些劳累，借生病为由在家休息。还有一次，她家的煤炉坏了，说要请假去修理，他也一口答应了。

杨绛渐渐发现，那些负责来监管他们的年轻人，差不多个个都是“披着狼皮的羊”，并未丧失掉善良的本性。一句小声的问候、一个善意的“鬼脸”，以及同情的眼神、宽松的管教、委婉的措辞、含蓄的批语，都会给她以惊喜。

有一次她手指上扎了个刺，一位监管的女同志听了马上很尽心地找了一枚针，耐心地帮她把刺挑了出来。还有一次，她被安排做三百块砖，她暗自发愁，只得向监管的小将求助说："咱俩换工，你给我做三百块砖，我给你打一套毛衣。"那监管员笑眯眯地答应了，却说她年纪大了，不肯要她打毛衣。

在"文化大革命"中，杨绛和钱锺书都已经是60来岁的老人，监管他们的年轻人体恤他们年老体弱，偷偷给予了他们不少照顾。杨绛被分配到田间去锄草，和她同队的农村年轻人一人至少锄六行的草，一阵风似的往前扫去，还特意留几根"毛毛"给她锄，以帮助她完成任务。钱锺书生活自理能力差，他下放到干校时，把热水瓶给砸了，一个年轻人特地来找杨绛，自愿为"钱先生"捎热水瓶和其他东西，那年轻人还为钱锺书改善伙食，做了葱烧鲫鱼和油爆虾。

后来，杨绛每每想到这些年轻人的情谊，心里就暖融融地充满感激。

身为"人道主义者"的杨绛，即使是在自身难保的艰难处境下，也时刻不忘体恤他人、关心他人，只要力所能及，她总是会给予身边人无私的帮助。

初到河南息县的干校，她和同伴们分到了一间六面泥房，最靠里的一角阴暗潮湿，同来的人说："谁住这里，一定得病。"

同伴们看杨绛年龄最大，就让她先挑，她就挑了那个暗角。年轻的同伴都不敢置信，杨绛则说："我已60岁，来日无多了，有病也无妨。你们正年轻呢。"

那时候外文所里的晚辈工资不高，每月56元钱。逢年过节或是家有急难，杨绛就给他们一些资助。一次所里的朱虹和柳鸣九要送孩子回老家，因为没钱而犯愁，杨绛知道了，立刻送了300元过去。每年春节、劳动节、国庆节三个大节日，杨绛就要给好几家送钱。

她在干校的时候，口袋里总是装满钱锺书送给她的奶糖，见了同来下放的伙伴们，就一人发四块或者六块，为此还挨了连长不点名的批评，说她是"人道主义者"，这人塞几块（糖），那人塞几块。在物质贫乏的年代里，那几块糖虽然微不足道，一定也给人带去过值得回味的甘甜吧。

同事中有个年轻人叫郑土生，不堪折磨时差点自杀。他想着还欠杨绛75元钱，便把自己50元的存折和25元钱塞进杨绛办公桌的抽屉里，准备离开人世。杨绛发现后，赶紧把存折和现金送还给他，还附了一张字条："来日方长，要保重身体；要耐心，冷静，坚强。这个钱我不需要，你给自己买点生活必需品吧。"正是这张字条，给了郑土生勇气，他终于打消了自杀的念头，后来成了著名的莎士比亚研究专家。

对于曾经批斗过自己的年轻人，杨绛也不计前嫌。有个

“整”过她的年轻人家里困难，陷入了绝境，是杨绛及时伸出了援助之手，帮助他渡过了难关。有人批评她是“糊涂好心人”，她却只是淡然一笑，并不解释。

即使是在最不堪回首的岁月里，杨绛身上也始终充盈着一股“向上之气”。数十年以后，当她步入100岁的时候，记者问起她：“您身上的向上之气来自哪里？”她回答说：“我的‘向上之气’来自信仰，对文化的信仰，对人性的信赖。总之，有信念，就像老百姓说的：有念想。”

她在回顾这段岁月时说：“‘文化大革命’中，支撑我驱散恐惧、度过忧患痛苦的，仍是对文化的信仰，使我得以面对焚书坑儒悲剧的不时发生，忍受抄家、批斗、羞辱、剃阴阳头……种种对精神和身体的折磨。我绝对不相信，我们传承几千年的宝贵文化会被暴力全部摧毁于一旦，我们这个曾创造如此灿烂文化的优秀民族，会泯灭人性，就此沉沦。”

十年动乱中，杨绛失去了多位亲人，包括最疼爱的小妹妹杨必还有女婿王德一等人，可她却始终坚信人性不会泯灭，乌云也不能永远占领天空。她把那动乱重重的岁月比喻成大片乌云，并把同遭大劫的人们之间滋生的一点同情和友爱，比喻为乌云的金边。回顾往事，她说：“乌云蔽天的岁月是不堪回首的，可是停留在我记忆里不易磨灭的，倒是那一道含蕴着光和热的金边。”

对于很多受过她帮助、读过她文章的人来说，温柔如煦如她，又何尝不是一道含蕴着光和热的金边。正是有这道金边的存在，我们才在这喧嚣世界拥有了一点温润的慰藉，才会在历尽苦难之后，仍然对生活充满信心。

『堂吉诃德』译稿历险记

1966年8月27日，在杨绛生命中称得上磨难颇多的一天早上，她翻译的《堂吉诃德》手稿被当成“黑稿子”没收了，晚上，又被剃了“阴阳头”。

翻译和创作是杨绛文学成就的两翼，这部为她博得盛名的《堂吉诃德》，从翻译到出版几经波折，还差点在动荡中毁于一旦。

翻译是件很苦的差事，杨绛称之为“一仆二主”，译者同时得伺候两个“主子”，一个是原文作品，另一个是译本的本国读者。译者得力求原文的一句句、一字字都要依顺，又得考虑到本国读者的阅读习惯。她本来是有志于创作的，只是在风声鹤唳的年代中，写原创的文章总难免会被批判，于是索性遁入了翻译。

在如何翻译方面，杨绛常常和翻译大家傅雷交流。1963年，她在赴上海时还特意去探望了傅雷夫妇，交流了一些翻译上的问题。她最讨厌翻译的“洋名字”佶屈聱牙，曾想大胆创新，把洋名全部中国化。她向傅雷提起这个想法，傅雷摇头说“不行”，可惜并没有细说究竟为何不行。她想着来日方长，以后再慢慢请教。谁知后来她再也没见过傅雷（傅于1966年自杀），因此深以为憾。

在翻译《堂吉诃德》之前，杨绛在翻译界已经算是赫赫有名了，继流浪汉小说《小癞子》之后，她翻译的《吉尔·布拉斯》于1956年出版，很受读者欢迎。有个广为流传的传说，朱光潜特别欣赏杨绛的翻译成就，有一次，学生问他：“全中国翻译谁最好？”他回答说，这个问题可以分三个方面，翻译包括散文（小说）翻译、诗歌翻译和理论翻译。学生又追问：“那么散文翻译谁最好？”朱光潜毫不犹豫地回答说：“杨绛最好。”

当时的中宣部副部长林默涵因读过杨绛先生翻译的法国文学名著《吉尔·布拉斯》，对其译笔大为赞赏，遂决定请杨绛重译《堂吉诃德》，并告诉她从哪种文字转译都可以。

杨绛对这部小说特别喜爱，于是接下了这个任务。在她看来：“堂吉诃德是彻头彻尾的理想主义者，眼前的东西他看不见，明明是风车的翅膀，他看见的却是巨人的胳膊。他一个瘦弱老头儿，当然不是敌手，但他竟有胆量和巨人较量，就非常了不起了。”

杨绛翻译外国小说，讲究从原文译起，认为如果不是这样的话，难免会失去不少原文的精髓。她找了五种《堂吉诃德》的英法文译本细细对比，觉得五种译本各有所长和欠缺，均不足以代表原作。要想忠实原作，必须从原文翻译。

于是，从 1958 年开始，杨绛决定“偷空学西班牙语”，她精通多种语言，除了英文外，其他都是自学的。可这时她已经 48 岁了，在语言学习方面算是相当高龄了，学习起来没那么容易。不间断地学习了几年之后，直到 1962 年，她已经能读懂西班牙语小说中比较艰深的作品，这时才决定着手翻译《堂吉诃德》。

译之前，她心里没底，便问钱锺书：“我读西班牙文，口音不准，也不会说，我能翻译西班牙文吗？”钱锺书回答说：“翻译咱们中国经典的译者，能说中国话吗？”她听了这话才安下心来，决定动笔翻译。

杨绛做事，喜欢事先计划得井井有条，务求留有余裕。她决定翻译《堂吉诃德》后，就制定了一个计划表，力求按照计划推进。很多人翻译外国小说喜欢照原文音译，她考虑到中国人独有的审美，一般会意译过来，这相当于再加工，无形中加重了工作量，所以译起来很慢，一天大概只能译

500 字，好在日日都不间断，到了“文化大革命”开始时，这部大部头的著作已经译了快四分之三。

那时候运动已渐入高潮，一天到晚有数不清的学习会、讨论会、报告会，杨绛为翻译这部书稿，只得利用起一点一滴的时间。《堂吉诃德》的初次译稿，就是由这样的涓涓滴滴汇聚而成。

她翻译的时候，很少逐字逐句地译，而是将几个甚至整段文字拆散，然后根据原文的精神，按照汉语的习惯重新加以组织。不管是在选字还是造句方面，都字斟句酌，才求做到“信”“达”“雅”。为了一个词语，她能思索好久，比如说原作中有个词意译过来是“焦黄脸儿”，她一直想弄明白是何寓意，这个谜底等到很久后她访问西班牙时才揭开。

关于什么才是好的翻译，杨绛的观点是用上最恰当的字，文章就雅。她认为，翻译也追求这么一个标准：不仅能信能达，还要“信”得贴切，“达”得恰当——称为“雅”也可。

就在 1966 年，革命小将对他们下了一道命令：“把你们的黑稿子都交出来！”杨绛无奈，心想如果不交的话，也会在“抄家”时抄出来，于是老老实实地交了出来，声明译稿只此一份，没留底稿，还试探着对小将们说：“不知这部稿子是否‘黑’？”一位小将一言不发，把稿子给没收了。

因为一心扑在翻译工作上，她在笔记本上一不小心将“四个大跃进”写成了“四个大妖精”，笔记本被收上去后，这下可捅了马蜂窝。她认真地做了很多次检讨，写了很多交代材料，才把这事说清楚。

关于此事，她在《丙午丁未年纪事》中风趣地写道：“我变成‘牛鬼蛇神’之后，革命群众俘虏了我翻译的《堂吉诃德》，并活捉了我笔下的‘四个大妖精’。堂吉诃德是一位正派的好骑士，尽管做了俘虏，也决不肯损害我。四个大妖精却调皮捣蛋，造成了我的弥天大罪。不过仔细想来，妖精还是骑士招来的。”

《堂吉诃德》被俘虏后，杨绛时刻想着要如何才能把这位“骑士”解救出来。她知道以当时的形势，只能智取，不能硬抢，于是便向没收“黑稿子”的头头们求情，要求暂时发放回书稿，好让她按着“黑稿子”去检查“黑思想”。头头们告诉她，没收的稿子太多，她那份找不到了。

杨绛不甘心，于是借打扫为由，自愿在群众的办公室外面扫扫窗台，好借此寻找《堂吉诃德》的踪迹。可是每间屋子都打扫了一遍，还是不见它的踪影。

功夫不负有心人，一次，她和同伴们一起打扫储藏室，在凌乱的废纸堆里发现了那包《堂吉诃德》，是她用牛皮纸精心包起来的，上面还写着“堂吉诃德”四个红彤彤的大字呢。

踏破铁鞋无觅处，得来全不费工夫。她高兴得忘形了，打算冒险把稿子偷走。不料同为“牛鬼蛇神”中的一个人大声喝止：“杨季康，你要干什么？”监视的老干部这才发现她的举动，她有些委屈，也有些气愤，说：“这是我的稿子！”那老干部倒也没为难她，只是不肯把稿子还给她。她只得把译稿放在书柜顶上，想再找个机会前来搭救。

为了拿回译稿，杨绛再三请学习小组的组长向工人师傅要求发还译稿，组长只是说：“那是你的事，你自己去问。”她直接去找工人师傅问，问了三次，对方嘴里答应了，实际上置之不理。还好在下放干校之前，原先的组秘书当了她所在组的学习组长，这位新组长仗义出手，亲自找回稿子，抱给了她。

杨绛犹如找到了一位失散已久的孩子，珍而重之地把那堆译稿抱回家了，在忆及此事时，她充满感情地写道：“落难的堂吉诃德居然碰到这样一位扶危济困的骑士！我的感激，远远超过了我对许多人、许多事的恼怒和失望。”

这就是杨绛，一位真正秉性宽厚的人，她总是放大他人的善意，对来自外界的敌意却忽略不计。《堂吉诃德》失而复得，固然是碰到了一位拔刀相助的“骑士”，又何尝不是因为她的锲而不舍。她苦苦追寻《堂吉诃德》踪迹的经历，简直就是一幕和革命小将们斗智斗勇的好戏。

俗话说，大难不死，必有后福。《堂吉诃德》经过了这番历险后，终于完璧归赵。杨绛从干校回来后，重新开始翻译，觉得之前的文气断了，接不上了，于是毅然再从头翻起。这部 72 万字的译著，到 1978 年才成功面世，从翻译到出版，竟经历了整整 20 年。《堂吉诃德》是位好样的骑士，为她赢得了巨大的声名，这是后话了。

在塞万提斯的原著中，堂吉诃德这个瘦弱的老头儿，做了数十年的骑士梦，他写下这个故事时，可能没想到，在遥远的中国也有这么一个执拗的译者，付出了难以计量的心血，只为把堂吉诃德这位骑士生动地再现在中国读者的面前。

作为译者，杨绛如此喜爱堂吉诃德，可能是因为，她自己骨子里也是一位彻头彻尾、不肯妥协的理想主义者。

下放到干校，约会在菜园

1969年11月3日，北方的天气已经很冷了，杨绛站在学部门口等公共汽车，看见钱锺书随着人流出来，凑过来低声对她说："待会儿告诉你一件大事。"

杨绛心知不妙，两人挤上公交车后，他才告诉她，这个月11号，他就要作为先遣队去干校了。

听到这个消息，杨绛心中悚然一惊，过几天是钱锺书60虚岁的生日，他们原本约好要一起吃顿长寿面的。可是走得这么急，来不及为他庆祝了。

她不放心钱锺书一个人下乡，却又无可奈何，只得精心为他打点行装。她把箱子用粗绳子密密缠牢，防止在路上摔破或压扁。又特意补了条裤子，将容易磨损的地方加厚，坐处经纬交错、厚如龟壳，钱锺书倒很欣赏，说像一个走到哪儿就带到哪儿的垫子，可以随处坐下。

走的那天，杨绛带着女儿钱瑗、女婿王德一到火车站，一起为钱锺书送行。她记得很清楚，先遣部队中还有俞平伯和俞师母，他们领队当先，年逾七旬的老人还得像学龄儿童那样排着队，远赴干校上学，看着令人着实不忍。

钱锺书下乡后，不久就搬到息县。他和语言学家丁声树被分配去烧锅炉，可是锅炉设在露天，风雪交加中，半天也烧不开一锅炉水，他们被人们戏称为“钱半开”“丁半开”。旁人听了，只觉得好笑，杨绛听了，却只感到心疼，还为丈夫辩护说是露天的锅炉难烧。

杨绛留守北京的时候，发生了一件大事，他们的女婿王德一含冤自杀了。王德一和钱瑗是同事，两人同在学校的美工队，有着共同的绘画爱好。当时同学们给美工队的四员大将取绰号为“妖魔鬼怪”，王德一因为名字中的“一”常被读成“幺”，因此成了领头的“妖”，排行第四的钱瑗被称为“怪”，他们结婚时，还被戏称为“妖怪联姻”。

王德一性格正直，他承认自己“偏右”一点，看不惯极左派。当时有团伙限制了他的自由，要挟他交出名单。他最后一次见杨绛时说：“我绝不能捏造个名单害人，我也不会撒谎。”

1970 年 7 月，就在杨绛下放干校前夕，不肯撒谎害人的王德一自尽了。女婿的死让杨绛悲愤交加，后来在回忆此事时，她甚至不知道如何用言语来刻画，只是如实地描述："上次送默存走，有我和阿圆还有德一。这次送我走，只剩了阿圆一人。"这样不动声色的描述中，却蕴含着巨大的悲恸。

见到女儿踽踽独归的背影，杨绛心中凄楚，只得闭上眼睛，让眼泪往肚里流。

到了息县，杨绛看见钱锺书又黑又瘦，简直变了个样。他脸上长了个脓疽，需要热敷，可那会儿哪有条件给他热敷。那个疽后来穿孔了，幸好打了几针痊愈了。

在干校，杨绛与钱锺书各有所属，彼此间相去不过一小时的路程。他们不能随便走动，但可以有书信来往，到休息日允许探亲，比起独在北京的女儿，他们总算同在一处了。

关于杨绛在干校的经历，和她一起下放并有着"联床之谊"的张佩芬有着深刻的印象。在她看来，杨绛作为长辈，具有两项难得的品质：一是善下之，抵达干校那天，她们四个女同志被分在同一农家，四人中最年轻的那位抢先占了门洞边通风较好的位置，杨绛没有反对，而是平静地选了一个憋闷的角落，张佩芬受她的感召，也不再争，一声不响地和她联了床；一是善利万物，每当同伴们听多了开会时的假话空话，感到厌烦难忍时，杨绛就会轻声叙说起儿时双亲、妹妹杨必、女儿钱瑗和丈夫钱锺书的趣闻逸事，她的平静叙说就像一支优美的乐曲，飘散着抚慰人的乐音，几个女伴听了，心情顿时开朗起来。

干校的日子自然是艰苦的，睡的是通铺，饮食也很粗糙，还得时不时干些体力活儿，可杨绛和钱锺书这对饱经忧患的夫妻早已经学会了随遇而安。

杨绛被分配看守菜园，钱锺书则负责看守工具，兼做“信差”，这些都算是清闲的差事了。她看守的菜园离他住的宿舍只有十几分钟的路程，班长常派她去借工具，特意为这对老夫妻创造会面的机会，一伙人笑嘻嘻地看着她借了又还，走来走去。

钱锺书为大家送信时，刚好会经过杨绛看守的菜园，所以每次来的时候，都能够和杨绛在田间垄头相会，说上几句话，天气好的时候，还能够一起晒晒太阳。钱锺书还是那么爱写信，有什么想跟她说的话，就随手写在信纸上，等见面时再给她。同伴们都觉得很有趣，杨绛的女伴阿香一见钱锺书来了，就会推她说：“瞧！瞧！谁来了！”

既来之，则安之，短暂的相晤，已经令杨绛感到心满意足。她记录这段往事时说：“这样，我们老夫妇就经常可在菜园相会，远胜于旧小说、戏剧里后花园私相约会的情人了。”

和她一起睡通铺的张佩芬有时会给她一些上好的奶糖，她就揣在兜里，留着等见到钱锺书时再塞给他。他很珍惜这难得的礼物，总是剥去包纸塞进嘴里，现出一脸灿烂的笑容。

菜园班一位姓区的诗人从砖窑里抱回一只小黄狗，民间常把姓氏的“区”读为“趋”，同伴们就把小狗叫作“小趋”。小趋是只通灵性的狗，为大家单调无聊的干校生活带来了一些欢乐。

钱锺书很喜欢这只小黄狗，每次到菜园来时，总带些骨头之类的来喂它。久而久之，小趋一见他来就会迎上前去，跳呀蹦呀叫呀拼命摇尾巴呀，他简直一辈子也没受到过这么热烈的欢迎。杨绛去钱锺书的宿舍时，小趋总是偷偷地远远地跟在后面，她呵止它，它就站着不动，等她到了时，它也大蹦大跳地从后面跑了出来。

小趋和杨绛感情很深，后来干校迁了地址，小趋也跑到那去了，还找到了她住的房间。她晚上回屋，旁人常常说：“你们的小趋来找过你几遍了。”杨绛表面待它淡淡的，却愿意把自己的饭食分给它吃。直到离开干校之后，他们夫妇还一直牵挂着这只小黄狗，后悔没有违反规定将它私自带走。

杨绛在干校也有过心悸的经历。有一次，她晚上睡觉没开灯，只听猫在叫，打开手电一照，被铺上赫然是一只血肉模糊的老鼠，边上还有一堆粉红色的内脏。她吓得战战兢兢，赶紧拎起床单把死鼠倒在垃圾堆上，第二天清早起来就洗床单，水汲了一桶又一桶，洗了又洗，那血迹好像永远也洗不掉。

惊魂甫定，她第二天就不乏幽默地对钱锺书说，猫儿以“腐鼠”饷我。钱锺书笑着安慰她说：“这是个好兆头，说明你很快就要离开此处了。死鼠内脏和身体分为两堆，离也；鼠者，处也。”

杨绛听了开怀大笑，这是一对善于苦中作乐的夫妻，他们总是用笑谑来消解沉重的苦难。

也许这确实是个吉兆，到了年底，有同志对钱锺书透露说，干校将会遣送一批“老弱病残”回京，名单上就有他。杨绛听了喜出望外，暗自盘算如何为他收拾行李。没想到数日之后，名单公布了，上面却没有他。

杨绛比钱锺书还要失望，她心想这回可能走不成了，便指着窝棚对钱锺书说：“给咱们这样一个棚，咱们就住下，行吗？”

钱锺书思索片刻后摇了摇头说：“没有书。”

是啊，他们什么困难都可以克服，没有书却不好过日子。纵是如此，他们也不后悔当初留在了祖国。既然早已做出了选择，到此也就不再抱怨。

好在干校很快迁往了明港，女儿钱瑗不断寄来各种外文报刊，据和钱锺书同住的人回忆，当时他的床上堆满了英文、法文、意大利文等各种语言的杂志，有空时就可以偷偷阅读。两人的宿舍之间来往只需五六分钟，他们终于可以每天黄昏一同散步，更胜于菜园相会。他们还学顽童逃了一天的学，到附近的胜地游览，风景如何早已不记得了，只记得那天非常快活。

等到 1972 年 3 月，这一年的“老弱病残”名单上，终于出现了钱锺书和杨绛的名字。这时候，他们的心情已经十分平静了，不再像上一年那样激动不安。

谈到这种心境的变化，杨绛在文中写了一句富有哲理意味的话：“据说，希望的事，迟早会实现，但实现的希望，总是变了味的。”

但无论如何，能够重返北京，和女儿团聚，总还是值得庆幸的。经过了这一番锻炼，杨绛对苦难和人生的关系，也有了更深刻的认识。她认为，人是需要锻炼的，如要锻炼一个能做大事的人，必定要叫他吃苦受累，百不称心，才能养成坚忍的性格，她说：“在艰难忧患中最能依恃的品质，是肯吃苦。因为艰苦孕育智慧；没有经过艰难困苦，不知道人生的道路多么坎坷。有了亲身经验，才能变得聪明能干。”

那场劫难留下的珍珠

适度的苦难对于文人的创作是有益的，一个出色的写作者总是能将苦难咽下去消化掉，化成写作的素材。正如蚌病成珠，写作者奉献出的，则是一部部凝结着心血的作品。所以陀思妥耶夫斯基说：“我只担心一件事，就是怕我配不上我所受的苦难。”

《干校六记》和《洗澡》，就是那场劫难给杨绛留下的珍珠，淡淡的笔墨下却埋藏着很深的隐痛。

和张爱玲、萧红等早慧的天才型作家不同，杨绛步入文坛虽早，成名却晚，她真正的代表作，都是直到晚年才写出来。天才型作家往往一出手就惊才绝艳，而大器晚成的作家文风则偏于平淡，这种平淡，不是白开水式的一览无余，而是外枯而中膏，似淡而实美。这类作家也许禀赋并不特别出众，但写的文章和年轻人的少作相比有阅历，有底蕴，最重要的是有一种从容在里面，娓娓道来，引人入胜。

杨绛晚年的作品，就是这种绚烂之极归于平淡的风格。有些人认为作家能写出传世之作纯粹靠天赋，而纵观杨绛的创作历程，就会发现她能写出好的作品来，离不开她一直强调的“修炼”。她大部分作品是70岁以后创作的，堪称“庾信文章老更成”的典范。

吴学昭曾经问她最满意的作品有哪些，她说：“我没有满意的作品。较好的是《干校六记》和《洗澡》。”可见她自己对这两部作品也较为看重。

《干校六记》写于1980年，那时她已从干校回来八年了。她一直想写干校的经历，重读了沈复的《浮生六记》后，才决心仿照此书的体裁，写成《干校六记》。她自信这部作品必将超过以前所作的零散文章，动笔前兴冲冲地告诉钱锺书，他却泼冷水说：“写什么《六记》！”因为他本身是不太喜欢《浮生六记》这部书的。

杨绛还是照自己的想法写了出来，全书分为“下放记别”“凿井记劳”“学圃记闲”“‘小趋’记情”“冒险记幸”“误传记妄”六个部分，通篇多用白描，平实地描写了她和钱锺书下放到干校的那段生活经历。

广东有句方言“讲古”，和讲故事的意思有点类似，但多了一层追忆往事的意味。看杨绛的书，就像在听一个老年人“讲古”，旧日往事、日常琐闻一一道来，语气是亲切的，情感是克制的，底色仍然像她往日的作品一样是温润明朗的，但不能避免地染上了一层“白头宫女在，闲坐说玄宗”的沧桑与感伤。

有句话说文如其人，杨绛写文章和她的为人一样温柔敦厚，体现了她含蓄超脱的美学追求。她写的《干校六记》，无一句呼天抢地的控诉，无一丝阴郁深重的怨恨，就这么淡淡地写尽了一个年代的荒谬与残酷。胡乔木评价说：“怨而不怒，哀而不伤，缠绵悱恻，句句真话。”那样的年代，孕育出了不少身上散发着温润气息的女性，后来读齐邦媛的《巨流河》，也当得起上面的十六字评语。

有人说杨绛一辈子这也忍那也忍，她回答说，含忍无非是为了内心的自由和平静。在她看来，含忍和自由是辩证的统一。含忍是为了自由，要求自由得要学会含忍。这样的理念，也体现在她的作品中，读她的文章，我们分明可以感受到，不管在何种处境下，她的内心都从未被禁锢住。

《干校六记》写完后，她拿给钱锺书过目。他看了后，不声不响地写了个“小引”。在“小引”中，他一针见血地指出，觉得杨绛漏写了一篇，篇名不妨暂定为“运动记愧”。他认为，在这次运动里，至少有三种人应该感到惭愧：一种是糊涂虫，一味跟着大伙儿去糟蹋一些好人；一种是心里明知道不应该这样做，却依然充当旗手、鼓手、打手；还有一种是懦怯鬼，觉得这里面有冤屈，却没有胆气出头抗议，顶多只能消极逃避。他自嘲说，自己就是懦怯鬼之一。

很多人都说钱锺书骄傲自大，但从这篇“小引”来看，他其实是相当富有自省精神的。如果让钱锺书来写这个题材，犀利如他，可能会写出完全不一样的风格来。

《干校六记》先是在香港出版，后来才辗转在内地出版。书出版后，只能在柜台底下卖，饶是如此，也在读书界引起了热烈反响。

继《干校六记》之后，杨绛又写了长篇小说《洗澡》。《洗澡》于 1986 年 4 月开始动笔，这时，她已经是 75 岁高龄的老人了。她自谦道：“《洗澡》是我的试作，我想试试自己能不能写小说。”她写戏剧、小说、散文，都说是试试看，这一试，竟试出了不少精品。

当年钱锺书写《围城》时，杨绛是第一读者；现在杨绛写《洗澡》时，换了他做第一读者。她每写完一章，他就读一章，读完“游山”那一章，他对她说：“你能写小说。你能无中生有。”

《洗澡》是杨绛唯一的一部长篇小说，说到为什么叫这个书名，她在前言中解释说，这部小说写中华人民共和国成立后知识分子第一次经受的思想改造——当时泛称“三反”，又称“脱裤子”，因此改称“洗澡”，相当于西洋人所谓的“洗脑筋”。

钱锺书写《围城》时，男主角方鸿渐对妻子孙柔嘉并不欣赏，真正爱慕的是唐晓芙。巧的是，《洗澡》中的男主角许彦成对妻子杜丽琳也并不喜爱，杜丽琳虽是“标准美人”，但一身俗骨，和许显然并不是一类人。所以后来许彦成遇到好学深思的少女姚宓时，顿时觉得前所未有地倾慕。两人志趣相投，却不愿意落入俗套，约定好只做精神上的好朋友，决不越轨。

《洗澡》说的当然不仅仅是一个爱情故事，而是以此为主线，串联起一群知识分子经受改造的经历。故事分为三部分，分别构成了“洗澡”的前奏、过程以及洗后的结果。

第一部名为“采葑采菲”，语出《诗经》“采葑采菲，无以下体”，比喻新中国不拘一格采集人才，一群形形色色的知识分子以各种渠道被吸收进文学所内，有的品行端庄，如许彦成、姚宓，有的则是徒有其名、品德败坏之流，如文章一开头的余楠，对妻子吝啬得一毛不拔，满肚子都是下流的思想，这样的人，自然是需要“洗脑袋”的。

第二部名为“如匪浣衣”，同样语出《诗经》“心之忧矣，如匪浣衣”，比喻文学社里不少知识分子的思想像没有清洗的脏衣服那样沾满污垢，亟须进行清洗。

第三部名为“沧浪之水清兮”，比喻每个人的思想境界不一样。有的自愿接受了改造，如许彦成等；有的则只是洗去了表面的污垢，内心仍是肮脏不堪的。

杨绛说，小说里的机构和地名纯属虚构，人物和情节却据实捏塑。她掇拾了惯见的嘴脸、皮毛、爪牙、须发，以及尾巴，但绝不擅用“只此一家，严防顶替”的货色。

尽管她已做声明，但还是有火眼金睛者一眼看出，姚宓的经历，很有可能就是杨绛的“假设性”自传。研究者胡河清就撰文指出：“杨绛在《洗澡》中对姚宓双亲的籍贯提及不多，但看姚宓的气质，却既有京都才女的淳厚蕴藉，又有江南闺秀的冰雪聪明。南北之气于此抟成一体，好比幽谷里的兰草，移到燕地群山中种下，开出的花儿不改资质的秀媚，而且又隐隐源出一种北国女侠的英气。”

恰好杨绛也是由南入北，姚宓性格上的一些细节，比如她爱和母亲玩福尔摩斯，确实也是能看到杨绛的一些“皮毛”。至于许彦成，很多方面确实也具有钱锺书的痴气。当然，文学源于生活而高于生活，绝不能把书中的形象等同于生活中的人。

“洗澡”究竟有没有达到预期的效果？杨绛在前言中开宗明义，指出：“假如说，人是有灵性、有良知的动物，那么，人生一世，无非是认识自己，洗练自己，自觉自愿地改造自己，除非甘心与禽兽无异，但是这又谈何容易呢。这部小说里，只有一两人自觉自愿地试图超拔自己。”显然，她认为人人都需洗练，但需自觉自愿，政治运动无补于事。

《洗澡》被很多人视为《围城》的姐妹篇，两者确实有相同之处，一是写的都是知识分子题材，二是反讽和幽默的运用。但两者也有明显的不同，《围城》中主角突出，《洗澡》塑造的却是群像，再者，杨绛笔调温润，文风不像钱锺书那样尖刻。

《洗澡》问世后，受到了广大读者尤其是知识分子的热捧。胡乔木不止一次和杨绛谈过《洗澡》，并点评说：“你写的几对夫妻身份都很合适。你是简·奥斯丁派，不是哈代派。”

著名文学家、报人施蛰存评价杨绛“自是语文高手”，“语文纯洁，本来是读者对作者，或作者对自己作品的最低要求。但近十年来，却已成为最高要求，在一群30岁左右的青年作家的作品中，要找像《洗澡》那样语文流利纯洁的作品恐怕很不容易了”。

施蛰存盛赞《洗澡》是“半部《红楼梦》加上半部《儒林外史》”，并说“（杨绛）运用对话，与曹雪芹有异曲同工之妙”。

外文所的同事朱虹觉得，杨绛的文字，就是西方谚语里所说的，戴着丝绸手套的铁手。

《洗澡》也好，《干校六记》也好，都让人惊讶地发现，原来对经历过的磨难还可以写得如此举重若轻。杨绛的妙语和敦厚，让她落笔时即使讽刺政治狂热和人性残酷，也从不失去幽默感和同情心。

如果没有那场旷日持久的动乱，她可能就写不出如此洞彻人心的作品来。从这个角度来说，她真是一丁点都没有浪费掉自己所受的苦难。

第六卷
我一个人思念我们仨

我这一生并不空虚，
我活得很充实，
也很有意思，
因为有我们仨。

暴风骤雨之后，杨绛一家终于迎来了久违的平静，可惜很快就老病相催。钱锺书和女儿阿圆相继病倒，杨绛两头奔波，心力交瘁。是什么支撑她走过来的？后来她自述："锺书病中，我只求比他多活一年。照顾人，男不如女。我尽力保养自己，争求'夫在先，妻在后'，错了次序就糟糕了。"

她是他的守护神，守护了他一辈子。钱锺书去世前她一眼未合，附在他耳边说："放心吧，有我哪。"他终于安然而逝，留下她在世间打扫现场。在他去世之后，她全身心整理他的文集，自己也相继写出了《我们仨》《洗澡之后》等作品。

生命的最后20年，她几乎闭门谢客，她静悄悄地隐身于一片喧闹中，又静悄悄地影响着我们这个时代。在她100岁生日的时候，她写下了这样的感言：我得洗净这一百年沾染的污秽回家。我心静如水，我该平和地迎接每一天，准备回家。

双剑合璧，人书俱老

从干校回京后，杨绛一家又度过了二十多年的共同岁月。这二十多年，是他们逐渐从老年步入垂暮，生命之火日渐萎谢的历程。这二十多年，更是他们同心携手，在文坛上大放异彩的时分。

胡河清赞叹："钱锺书、杨绛伉俪，可说是当代文学中的一双名剑。钱锺书如英气流动之雄剑，常常出匣自鸣，语惊天下；杨绛则如青光含藏之雌剑，大智若愚，不显刀刃。"

宝剑锋从磨砺出，这一双"名剑"遍历重重磨难，经过多年沉淀，终于在他们晚年的时候拔剑出鞘，名动天下。

1978 年 3 月，杨绛翻译的《堂吉诃德》出版，1979 年 8 月，钱锺书的《管锥编》出版。这两本书都是他们住在学部一间小小的办公室里，争分夺秒、不计辛苦完成的。两部著作一问世，就惊动了整个读书界，人们都没想到，在过去如此艰苦动荡的数年内，还有这样一对夫妻，埋头著书，贡献出颇具分量的作品来。

漫漫长夜里，他们就是文化的薪火相传者，昭示出的乃是黑暗中的光亮，寒夜里的暖意。中华文化得以绵延了数千年，正是靠着这样的持火者，才能将文化的火种一直传下去。

《堂吉诃德》完稿时，钱锺书的《管锥编》恰好也校订完毕。他提议和杨绛交换题签，杨绛笑说："我的字那么糟，你不怕吃亏吗？"钱锺书笑道："留个纪念，好玩儿。"以后他们两人的作品出版，都互相题签。

钱锺书和杨绛这时都成了举足轻重的文化泰斗，在 20 世纪七八十年代间，常常随代表团一起出访海外。

1979 年，钱锺书访问哈佛大学，在当众发言的时候，他的发言精彩、幽默，而且好几种语言轮番上阵，用了许多谐音、双关的语言游戏，以至于台下的听众都听呆了，没有人能想到中国居然还有这样的人物。有人评价说，钱锺书就像是一瓶上好的陈年香槟，喝之前摇一摇，一打开瓶盖就会迸射出来。

杨绛翻译的《堂吉诃德》出版后，一纸风行。书出版后不久，西班牙国王一行访华正巧遇上北京书店门前读者排队购买《堂吉诃德》，大为诧异。1978 年 6 月 15 日，邓小平为接待西班牙国王、王后举行国宴，杨绛也参加了。邓小平将《堂吉诃德》中译本作为国礼赠送给贵宾，并将杨绛介绍给对方。他问起《堂吉诃德》是什么时候翻译的，杨绛不及细说，只好回答说是今年出版的。

西班牙政府先后三次派大使请杨绛去访问西班牙，到了第三次，杨绛觉得实在不好意思再推托了，才开口答应。钱锺书颇为自豪地说："三个大使才请动她！"

杨绛出访西班牙，是带着有关塞万提斯和《堂吉诃德》的问题去的。《堂吉诃德》里有位托斯达多，杨绛意译为"焦黄脸儿"，她一直想弄清楚他为什么会有这么个绰号。后来问起当地导游，她才知道托斯达多有吉卜赛人血统，面色像烤得干脆焦黄的面包干，所以绰号"焦黄脸儿"。杨绛弄清了这个缘由，深觉不虚此行。

在塞万提斯逝世366年的纪念大会上，大使点名要杨绛发言。她略一思索，开口说："我们中国人有句老话，'天上一日，人间一年'——就是说，天上的日子愉快，一眨眼就是一天，而人世艰苦，日子不那么好过。我们一年有365天或366天，塞万提斯离开我们人世，已366年，可是他在天上只过了366天，恰好整整一年。今天可以算是他逝世的'一周年'。"

这样风趣幽默的开场白，自然惹得在场的人拍手大笑。大使觉得她说得有趣，上场时对她行的是握手礼，等她讲完下场就变成了亲昵的吻手礼。

1986 年 10 月，西班牙驻华大使还代表国王和政府，授予杨绛“智慧国王阿方索十世大十字勋章”。也正是在80年代，《围城》大热，这对夫妻的盛名一时达到了顶峰。连夏志清都说：“整个 20 世纪，中国文学界再没有一对像他俩这样才华高而作品精、晚年同享盛名的幸福夫妻了。”

得享盛名，钱锺书和杨绛却和以前并没有什么两样。以前被批斗时，他们并不绝望，现在名声大振，也并不骄傲。世人常推崇宠辱不惊的境界，真正能做到的却并不多，所以大家才敬佩钱杨夫妇，因为他们不为逆境所困，也不为名利所累，恰如一对笑傲江湖的文坛隐士。杨绛最欣赏苏东坡的诗句“万人如海一身藏”，不管境遇如何变迁，他们的心愿始终没变，只求能隐身于人海之中，过上平静的书斋生活，把时间花在读书和写作上就行。

名声大了，他们反而为之苦恼，特别是钱锺书，每天都有数不清的读者来信，深以为苦。老友宋淇劝他干脆写份“逐客书”，对外界一切要求均加婉拒，由他来复印二百份。钱锺书恐落人话柄，谢绝了他的好意。他把回信叫作“还债”，对每一封信都尽可能礼貌地答复，可是有时候要还的“债”太多了，实在是不堪重负。

登门拜访的人也很多。一次，一位有名望的人去钱家拜年，钱锺书只把门打开一道缝，客气地说：“谢谢，谢谢，我们很忙，谢谢！”熟悉他们的人，都知道二老惜时如金，不忍浪费他们的时间。画家黄永玉和他们住得很近，有时会从湘西老家带一些土特产送给他们，都是敲敲门便放下东西离开了。

他们的居住条件比以前改善多了，1977 年就结束了东奔西走的流浪生涯，搬进了三里河南沙沟的一套四室一厅中。房子布置得很简陋，墙是白灰刷的，地是水泥抹的，没有任何豪华的装饰。客厅与书房合二为一，满室都是书香。墙上挂着清代金石学家吴大澂的一副七言条联，是用篆书写的，上联“二分流水三分竹”，下联“九日春阴一日晴”，令室内顿生雅趣。

屋里摆着一大一小两张书桌，大的面西，是钱锺书的；小的临窗，是杨绛的。

进了屋子的人难免诧异：“为什么书桌一大一小呢？”

杨绛笑道：“他的名气大，当然用大的；我的名气小，只好用小的！”

这自然是开玩笑了，主要是因为钱锺书要回复的信件太多了，小的书桌根本放不下。

他们奔波了一辈子，临老时终于有了个安定的家，三里河的居室里，满满都是一家三口温馨的回忆。

无人拜访的日子里，一家三口就像以往一样，静静地守在一起读书。钱瑗这时已经再婚了，可还是经常回爸妈身边小住。他们一人占据一张书桌，尽管身边有钱锺书这个“活百科全书”，杨绛和女儿遇到问题还是尽量自己去查字典，不去打扰他。

生活安稳下来了，杨绛终于可以尽情地释放创作的潜力，她的一系列作品，都是在这期间写出来的。除了长篇小说《洗澡》、短篇小说集《倒影集》外，她还创作了数十篇怀人记事的散文，《回忆我的父亲》《记杨必》《老王》等名篇都作于此时，后来收入了《将饮茶》《杂忆与杂写》等散文集中。她散文中所写的，多是极平常的人和事，读起来却余味悠长。

和许多著作等身的女作家相比，她写的作品并不多，晚年编撰文集，更是把不满意的作品全都删去。她说她并不是专业作家，只是一个业余作者，生平所作都是“随遇而作”。其实，这份随遇背后是慎终如始的坚持，她从未放弃过文学的梦想，一有机会，就会投入创作中，所以才会有后来的喷薄。

书法中有“人书俱老”的说法，其实文学创作也是一样。到了晚年，杨绛对汉语的运用已臻化境，学界认为，她的创作具有两个鲜明的特点：一是对汉语文字的贡献；二是突出了一个知识分子心灵的历史再现。

杨绛最爱的文学体裁是小说，造诣最深的则是散文。女儿钱瑗评价说：“妈妈的散文像清茶，一道道加水，还是芳香沁人。爸爸的散文像咖啡加洋酒，浓烈、刺激，喝完就完了。”评得可以说是一语中的。

连钱锺书本人都说：“杨绛的散文是天生的好，没人能学。”世人都说他狂妄，他却对妻子甚是服膺。

生活上，杨绛仍然无微不至地照顾着丈夫。她是钱锺书的理发师，也是他的“健身教练”。她从邻居邹家华那儿学会了大雁功，回到家又教给钱锺书。他笨手笨脚的，不像她身手那样灵活，可还是很认真地跟着她练。每次练完，两人都一身大汗。她还督促他整理著作，1994年，在杨绛的力促下，钱锺书编订了自己的《槐聚诗存》。杨绛把全书抄完后，钱锺书拉起妻子的手说：“你是最贤的妻，最才的女！”

钱锺书则是她的书法老师，他对这位学生要求还挺严格。她每天都要交“作业”，交上来的大字，他一丝不苟地审批，觉得好就画圈儿，不好就打个杠子。做学生的想多挣几个圈儿，老师却故意逗她生气，刻意去找运笔差的地方打上杠子。俗话说老小老小，两位老人到了暮年，仍是童心未泯。

看杨绛在《我们仨》中描述他们的晚年生活，总让我想起电影《金色池塘》中的场景。对于热爱生命的人来说，老去从来不是件可怕的事，就像钱锺书和杨绛那样，每日读书写作，相对忘忧，欣欣然不知老之将至矣。他们的暮年，如同夕阳反照下的金色池塘，荡漾着潋滟闪亮的生命之光。

痛失爱女阿圆

夕阳无限好，只是近黄昏。杨绛常打趣说，她和钱锺书的身体就像“红木家具”，表面上看起来结实，实际上是用胶水粘着的，一碰就散了架。

1994 年 7 月 30 日，正好是杨绛 83 岁的阴历生日。那天晚上，钱锺书发起了高烧，幸好钱瑗也在家，母女俩一同将他送进了医院。

医生先说是肺炎，后又检查出膀胱癌，得动手术切除癌细胞，手术中并发肾功能衰竭，又切除了一只肾。从此，钱锺书开始了长达四年缠绵病榻的日子，再也没回过三里河的家。

钱瑗工作忙，不能每天陪着妈妈同去医院看望爸爸，每周只能去一两次。女儿来的时候，钱锺书最开心，他喜欢听女儿说些家常的事。钱瑗一般比妈妈先走一小时，如果哪天走得太早了，钱锺书必定生气地说："没到时间呢！"再过几分钟，才对女儿说："走吧。"他不用看表，但是时间算得一点也不差，所以钱瑗戏称爸爸为"灵童"。

杨绛眼见丈夫一天比一天衰弱，心知只怕这次留不住他了，以后就只能和女儿相依为命了。

谁知不幸接踵而至。1995 年春夏，钱瑗开始频频咳嗽，后来又发展为腰疼。她为节省时间，就去校医院拿点药吃，不肯听妈妈的话去大医院检查。

钱瑗的病，在很多亲友看来，是活生生累出来的。她在北师大任博士生导师，不但要上北师大的课，还在北大、北外兼课，还有各种名目繁多的社会工作，同事见她忙得像陀螺似的，就好意地提醒她说："你这张弓绷得太紧会断。"钱瑗听了，无奈地笑笑，照样忙碌。

她热爱教育事业，一辈子只想做个"教师尖兵"。在学校她不仅上课负责，还关心学生们的生活，学生们都很爱戴她，有什么心里话总愿意跟她说。她性格刚正，有一次为兄弟院校的同行评职称，她在审查时发现交上来的论文涉嫌抄袭，就花了一晚上的工夫找到了被抄袭的原文佐证，提出了否定的意见。

从小到大，钱瑗都是爸爸妈妈的宝贝。她去国外交流时，老两口牵挂得不得了，抢着读她寄回来的家书。提起这个女儿来，钱锺书总是自豪地夸她："爱教书，像爷爷；刚直，像外公！"

到了1996年1月的时候，钱瑗的腰疼加剧了。有一天早上，她腰疼得起不了床。她怕妈妈担心，偷偷打电话到北师大求助，学校派了一个博士生和一个司机"押送"她入院。临走前，她还笑着对妈妈说："妈妈等着我，我很快就回来。"

她这一走，就再也没回来过。在医院住了两个多月后，病情毫无好转，医生诊断她患了晚期肺癌，考虑到这个结果太残酷，于是向她隐瞒了病情，又不忍增加杨绛的心理负担，所以也一直瞒着她，对母女两个人都说她患的是特别厉害的骨结核。

杨绛不知情，还真以为女儿患的是骨结核，把这消息告诉了病床上的钱锺书。他还说："坏事变好事，从此可卸下校方重担了。此后也有理由可推托不干了。"

钱瑗以为自己的病可以治好，积极配合医生做化疗，可化疗的效果一次不如一次，一头浓密的黑发掉得精光，整个人也变得苍白消瘦。她笑着对同事说："我现在是尼姑了！"

躺在病床上的钱瑗，长期平躺不能翻身，身体越来越虚弱，但还是牵挂着妈妈和爸爸。她和妈妈每晚通电话，称作"拉拉手指头"，在电话里，她从不提自己的病情，总是报喜不报忧。

到了后期，她不让妈妈来探望自己，怕妈妈见了她的惨状伤心。她因肺功能衰弱，已离不开吸氧，背上还长满了褥疮。

钱锺书担忧她的病，特意坐起来给她写信。她连忙回信说，请爸爸不要劳神写信，自己情况尚好，虽不能“轻举妄动”，但能够躺在床上慢慢地移动，比起只能平卧不动好多了。

钱瑗和爸爸最“哥们儿”，也许是意识到自己时日无多，她不顾自己病体支离，央求杨绛把自己想写的《我们仨》这个题目让给她来写，杨绛答应了。她平躺在床上，架一块写字板，只能仰卧着写字，字写得歪歪扭扭的，却充满了童真。她拟了目录，本来想写十二篇，可惜身体太弱，只写了五篇就停笔了，开头第一篇就是“爸爸逗我玩”。病床上的她，最怀念的就是儿时的时光，那时，幼小的她尚在父母膝下承欢，一家人无忧无虑地生活在一起。

钱瑗的病一直毫无起色，到了1996年11月时，医院发出了病危通知，女婿才告诉杨绛实情。杨绛听了，如五雷轰顶，在和朋友通电话时失声痛哭。也许真的有心灵感应这回事，钱瑗病危之后八天，杨绛去医院探望钱锺书，他忽然对着她背后大叫了七八声“阿圆”，还说：“叫小王送阿圆转去。”杨绛问他：“回三里河吗？”他摇了摇头。又问：“回西石槽？”他回答说：“究竟也不是她的家，叫她回自己的家里去。”

1997年春节，钱瑗已经奄奄一息了，还不忘在病床上给爸爸妈妈拜年。她给爸爸写信，用欢快的语气祝他新年快乐，说医院里有不少他的粉丝，都祝他新年好，还说“我现在吃得多，出得多，脸是翻司法脱脸盘肥”，所谓翻司法脱即“face fat”，一句洋泾浜语，平常钱锺书常用这句话逗女儿，取笑她脸盘肥，钱瑗借这句妙语，来让爸爸宽心。

她心疼妈妈劳累，在春节时特意给妈妈写了一首打油诗：“牛儿不吃草，想把娘恩报。愿采忘忧花，借此谢娘生。”

“牛儿不吃草”，也就是说她已经虚弱得不能进食了，可仍想报答妈妈的恩情。打油诗虽然连韵也没押，却包含着一片拳拳赤子之心。

她去世前不久，最放心不下的是妈妈的一日三餐，特意写信给妈妈，教她如何做简易饭食。考虑到妈妈年老体弱，她写的菜谱都是简单易操作的，比如烂糊面的做法：

“牛肉汤 + 胡萝卜 + 芹菜 + 西红柿 + 番茄面”

“猪肉汤 + 莴笋块或芥菜心 + 菠菜面”

……

这个时候，她已经吃不进任何东西了，写食谱时，只能平躺在床上，由阿姨拿着纸帮助她写字。

钱瑗自知不治，在电话里对妈妈说：“娘，你从前有个女儿，现在她没用了。”杨绛听了心如刀割。

1997 年 3 月 4 日，钱瑗因病过世，走之前的头一天，杨绛还安慰她说："安心睡觉，我和爸爸都祝你睡好。"她露出了一个鲜花似的笑容，第二天，真的在安睡中去世了，额上的细纹都舒展开来了。

白发人送黑发人，这种痛楚非经历过的人难以明白其中滋味，杨绛这时才知道，母亲唐须嫈在失去二姐姐和大弟弟时，经历了怎样的锥心之痛。她不忍去参加女儿的遗体送别仪式，只在心里默默地为她送行。

女儿的去世，是杨绛心里永远的痛。她总觉得自己愧对女儿，连女儿病重都毫不知情，当时在两边医院分头跑，也没有费心去照顾女儿。

杨绛一生中著作皇皇，却坚持认为女儿才是自己的"生平杰作"。钱瑗很小的时候，就被爷爷钱基博视为"吾家读书种子"，可惜这颗种子没有遇到良好的生长环境，上高中时学背粪桶，大学下乡下厂，毕业后又下放四清，历经"九蒸九焙"，始终只是一颗种子，才发了一点点芽。做妈妈的，眼见着这样的可造之才中途夭断，心里总有些不舒坦。

女儿走后，她一直隐瞒着钱锺书，后来实在瞒不过了，才慢慢地一点一滴地把实情告诉他，还安慰他说："阿必（小妹妹杨必）也是3月4日去世，8日火化。"钱锺书心中明白，自我开解道："必阿姨接了圆圆去了。"

钱瑗生前留下遗嘱说不留骨灰，但北师大外语系的师生舍不得她，就将她的部分骨灰带回校园，种在她生前每天走过的一棵雪松树下。大概是在女儿离开 100 天的时候，杨绛悄悄来到校园里，一个人在树旁坐了坐，后来被人看见了，忙又悄悄地溜了。她清楚地知道，圆圆不在树下。看了树，只能更增加她失去圆圆的痛楚。

苏东坡曾有悼亡词曰："料得年年肠断处，明月夜，短松冈。"杨绛套用其词说："从此老母肠断处，明月下，长青树。"

树若有情，知道一个老母亲痛失爱女的心情，又岂会青青如此？

世间好物不坚牢，彩云易散琉璃脆

杨绛小的时候，听到父母笑着聊起死亡的话题。母亲说：“我死在你头里（前面）。”父亲说：“我死在你头里。”母亲后来想了想，当仁不让地说：“还是让你死在我头里吧，我先死了，你怎么办呢？”

当时小小的她在一旁听了，漠然无动，总觉得那是很遥远的事。老天没有让母亲遂愿，她终于还是死在父亲之前，想必她猝然离世时，心里一定充满了挂念和担忧吧。

许久以后，当面对着病重的钱锺书，她在心里暗暗做了和母亲一样的选择。在他病中，她尽力保养自己，只求比他多活一年，力求“夫在先，妻在后”，因为照顾人的话，男不如女，不能乱了次序。这时的她，才知道母亲那句话中所含的情意：“我先死了，你怎么办呢？”愿意死在后面的那个人，通常都是两个人中爱得比较深的那一个吧。

公公钱基博信命理，当年在他们远渡重洋之前，他曾经将一份钱锺书的命书郑重地交给杨绛。命书称：父猪母鼠，妻小一岁，命中注定。末尾则说："六旬又八载，一去料不返，夕阳西下数已终。"按这个说法，钱锺书最多只能活 68 岁。

钱锺书向来不记得自己的出生年月日，1978 年他刚好 68 岁，忽然想起这件事来了，便问杨绛："我哪年死？"杨绛哄他说："还有几年。"他也不追问，再过了几年，就完全忘记这事了。

他比命书上所说的多活了整整二十年，也许并不是命理不可信，而是老天垂怜，特地多给了他和杨绛二十年团圆的日子。

1993 年的一天，钱锺书整理完自己的《槐聚诗存》后，对杨绛说："咱们就这样再同过十年。"杨绛脱口而出："你好贪心啊！我没有看得那么远，三年、五年就够长的了。"钱锺书听了，黯然伤神。杨绛后来总是自责，认为自己这话让钱锺书愁出了病，1994 年便住进了医院。

从病发住进北京医院到离世，他在病床上整整躺了四年，以病弱之身能支持这么久，离不开杨绛无微不至的照料。

他住院期间牙床萎缩，无法咀嚼，病中无法再配假牙，只好采取"鼻饲"的方法。所谓"鼻饲"，是指将鸡、鱼、虾、土豆、蔬菜等用打碎机搅拌成泥，加上骨头汤，由管子从鼻孔输送入胃。

杨绛尝了医院为鼻饲病人提供的匀浆，发现有猪肝味、豆粉味。猪肝、豆粉都不适合病中的钱锺书吃，她便向医生提出："你不是说他不能吃豆粉吗？"医生生气地说："你不怕烦，就自己做吧。"

杨绛回家后，每日上午到医院看望，下午在家做鼻饲食料，这是一件非常费神的事。她得做鸡鱼蔬菜泥，鸡胸肉要剔得一根筋没有，鱼肉不能带一根刺，再把两种蔬菜或炒或煮，搅碎成泥，加上炖的骨头汤。她在特别累的时候，曾请人帮做菜泥、鸡泥，但鱼泥一定要自己做，别人做她不放心，因为万一里面有根小刺没挑出来，就会堵住鼻饲所用的管子。

她这样医院、家里两头跑，后来女儿生病了，还得去探望女儿。她毕竟是 80 多岁的老人了，很快就体力不支。医院的人总劝她回家休息，她坚持说："锺书在哪儿，哪儿就是我的家。"

有一次，护工请了一天假，杨绛亲自在医院陪护。钱锺书见她晚上能留在医院，高兴得笑了。她却笑不出来，因为得防着他拔插在身上的管子。他晚上睡着之后，不由自主地想拔管子，她只好彻夜不睡，守在旁边按着他的手。一夜过去，她整个人都瘫软在椅子上了。医生发现后，赶紧先抢救她。

哪怕是在病房中，他们俩能够厮守在一起，也自有一番乐趣。杨绛体恤丈夫体弱，不让他说太多话。她总是絮絮地说起一些趣事，自己小时候的事，圆圆的近况，给病中的丈夫解闷。他们大多数时候都用无锡土话交谈，在钱锺书生命的最后时光，她守在他身边，不停地在他耳边用无锡话安慰着他。

钱锺书住院时，三联书店希望能出版《钱锺书集》，他本来不愿出全集，认为自己的作品不值得全部收集，但经不起三联书店的执意请求最终同意。他在重病中不能为自己的作品集作序，杨绛便以眷属的身份，代他作了序。她了解丈夫淡泊名利，所以在序中替他说："钱锺书绝对不敢以大师自居。他从不厕身大师之列……"

在序的末尾，她写道："钱锺书六十年前曾对我说：他志气不大，但愿竭毕生精力，做做学问。六十年来，他就写了几本书。本《集》收集了他的主要作品。凭他自己说的'志气不大'，《钱锺书集》只能是菲薄的奉献。我希望他毕生的虚心和努力，能得到尊重。"

她不愧是他一生的知己，短短的一篇序文，已道尽了钱锺书的志趣和特质。

钱锺书病中自知无法痊愈，早些时候曾向她交代，他死后不留骨灰，不设灵堂，不举行告别仪式，不开追悼会。杨绛尽管觉得可能很难办到，可还是一一答应了。

他在去世之前已陷入昏迷，清醒时留下一句话：“绛，好好里（好生过）。”这是他离开人世前留下的最后一句话。他是个无神论者，可生怕她追随自己于九泉之下，所以才如此殷切地叮嘱她一定要好好活。

1998年12月19日凌晨，医生通知杨绛钱锺书的情况不好了。她赶到床前时，他已经接近弥留，还有一只眼睛未合好，杨绛附在他耳边说：“你放心，有我哪！”她说完这句话，他终于闭上了眼睛，安然而逝。

梧桐半死清霜后，头白鸳鸯失伴飞。“从今以后，我们只有死别，没有生离。”钱锺书当年的誓言犹在耳畔，没想到，居然一语成谶。

北京医院的311病房，钱锺书在这儿住了1600个日夜，这间病房和北师大那棵埋着圆圆骨灰的雪松，都成了杨绛的肠断之处。

她向院长交代完钱锺书的遗愿，精疲力尽地回了家。晚上，杨绛接到了时任中共中央总书记江泽民的电话，他对钱锺书的去世表示哀悼，并说：“杨绛同志，非常佩服你们，你们是真正的唯物主义者。中央同意不举行仪式。”

钱锺书的丧事一切从简，只是在火化前于北京医院告别室举行了简单的凭吊仪式。医院的工作人员为钱锺书穿上他生前喜欢的衣服，其中有些衣服是杨绛亲手编织的，她曾想捐出去救灾，可钱锺书拦住说："这是'慈母手中线'，其他衣服可以捐，这几件留着。"

钱锺书的遗体被送到火化间时，杨绛把蒙在他身上的白布掀开，最后一次凝视着丈夫，并目送着他的遗体送入火化间。旁人劝她离开，她固执地说："不，我要再站两分钟。"

"杨先生没流泪，最后我把钱先生推到火化炉前，杨先生就在那里看，不忍离去，好多人都走了，她还是舍不得离开。"杨绛的学生、外文所研究员薛鸿时曾回忆说。

说到为什么没有流泪，杨绛后来淡淡地对朋友说："锺书不喜欢人家哭他。"越是深情的人，就越是克制。直到后来《我们仨》问世，人们才知道她有多伤心。

钱锺书先生离世后，作家舒展的老伴去看望杨绛先生，一进门还没说话，她就抑制不住抽泣，后来干脆放声大哭起来。杨绛拉着她的手，让她坐到沙发上说："你比钱瑗小 4 岁吧？傻孩子，我都挺过来了，你还这样哀伤？你不懂呀，如果我走在女儿和锺书前面，你想想，钱瑗、锺书受得了吗？所以，这并不是坏事，你往深处想想，痛苦的担子由我来挑，这难道不是一件好事吗？"

杨绛和母亲唐须婴一样，都力求"夫在先，妻在后"，老天这次果然听见了她的祈求，让钱锺书走在她前面。他走的时候很安详，因为这一生，她都是他的守护神，守护了他一辈子。钱锺书的堂弟钱锺鲁说过，大嫂杨绛“像一个帐篷，把身边的人都罩在里面，外面的风雨由她来抵挡”。

世间好物不坚牢，彩云易散琉璃脆。正因如此，我们对钱锺书和杨绛的爱情才如此向往，因为他们诠释了世人理想中的爱情状态——一生一世一双人，纯粹，持久，历日弥新。

我留在世间 打扫现场

"我们仨"就这么轻易地失散了。

三里河的家，对于杨绛来说，已经只是人生旅途上的一个寓所。家在哪里，她找不到了。天人永隔的痛苦，似乎只有逃避可以解决，她说："锺书逃走了，我也想逃走，但是逃哪里去呢？我压根儿不能逃，得留在人世间，打扫现场，尽我应尽的责任。"

她要做的事情太多了，第一件事，就是整理钱锺书的作品。托赖于她，钱锺书在辞世之后，仍然源源不断地有作品问世。2001 年，出了 13 册的《钱锺书集》；2003 年，《容安馆札记》由商务印书馆影印出版；2005 年，《宋诗纪事补订》面世。

钱锺书读书爱做笔记，累积了大量中外文笔记和读书心得。许多人认为钱锺书天赋异禀，有过目不忘的本事，其实他本人自认没有那么“神”。他读书的一个诀窍就是勤记笔记，喜欢的书会读上好几遍，笔记也不断地添补。他做一遍笔记的时间，大概是读一本书的一倍。正因如此，读过的书才记得牢。他深信“书非借不能读”，所以家里并没有大量藏书，平时总是去图书馆借书，边读边做笔记，无数的书在家里流进流出，存留的只是笔记。

这些笔记，多年来随着主人颠沛流离，由国外到国内，由上海到北京，万幸没有在动乱中被付之一炬。历经磨难之后，纸张早已发黄变脆。看过钱锺书手稿的人都知道，他的笔记中常常中文、英文、法文、意大利文等多种语言夹杂在一起，无形中增加了辨认的难度。

杨绛整理手稿时，唯恐损坏了纸张，只能小心翼翼地揭开变脆的纸张，在每页里面夹上一张纸条。最后点检纸条，竟然有整整七万多页的手稿！难以想象，整理这些字迹难辨、模糊破损的手稿，对于一位年近九旬的老人来说，得花费多大的精力。

她用了无数个日日夜夜，终于将那些零散而残破的手稿，一张一张精心拼贴起来，井井有条地整理好。她生怕自己来日无多，来不及做完这件事，所以抓紧一点一滴的时间，晚上还老失眠。有一天，《钱锺书手稿集》的编辑郭红到她家来取资料，只见桌上堆满了手稿，还摆放着剪刀和胶水，由于长期耗费目力，杨绛的眼睛都红肿了。

她戏称自己是“钱办主任”，多亏了这个“主任”，钱锺书那些宝贵的读书笔记才能够面世。

面对着手稿上熟悉的字迹，杨绛睹物思人，自然感慨万千。钱锺书素来被同侪称为“学究天人”，可惜年富力强的时光都在无休止的动荡中消耗尽了，他原本想写一部英文版的《管锥编》，来评论外国文学，已经构思好了，只可惜未能实现。他在上海时，写了一部叫作《百合心》的小说，已经完成过半了，但在搬到北京时遗失了。这些都令她深以为憾。

我们最初所能看到的《钱锺书手稿集》（三大本精装，这只是中文部分），是由商务印书馆斥资300万元，于2003年以高科技手段影印出版的。取名为《容安馆札记》，通过这些札记，可以让人从中看到钱锺书变成一代巨匠的踪迹。同时，也能欣赏到钱锺书劲秀有致的行书小楷。之后，商务印书馆又相继出版了《钱锺书手稿集·中文笔记》《钱锺书手稿集·外文笔记》。

谈到为何要出版手稿，杨绛说：“这大量的中、外文笔记和读书心得，锺书都‘没用了’。但是他一生孜孜矻矻积聚的知识，对于研究他学问和研究中外文化的人，总该是一份有用的遗产。我应当尽我所能，为有志读书求知者，把锺书留下的笔记和日札妥为保存。”

她坚持认为，将钱锺书的笔记公之于众是最妥善地保存。她由衷地表示，但愿能够通过这个办法，使“死者如生，生者无愧”。

早在钱锺书病重的时候，杨绛就和他商量说，想在母校清华设立一个奖学金，奖学金不用他们个人的名字，就叫“好读书奖学金”。“好读书”是钱、杨两人的共同兴趣，也是联结两人情缘的一条红线。当年，杨绛一进清华就同“二书”结缘：一为读书，二为“锺书”。

2001年9月7日，清华举行了“好读书”奖学金捐赠仪式。仪式上，杨绛宣布将钱锺书和她当年上半年所获稿酬72万元，以及以后出版作品的版税，全部捐赠给母校教育基金以成立“好读书”奖学金。

当主持人介绍钱锺书的生平，提到他曾获得牛津大学的副博士学位时，杨绛轻声地纠正道：“不是副博士，是学士学位。”轮到她发言时，她一往情深地说：“这是我一个人代表三个人说话，代表我自己、已经去世的钱锺书和女儿钱瑗。”她表示，读书是他们一家三口共同的爱好，他们希望能用这个奖学金帮助那些爱好读书的清寒子弟顺利完成学业。

杨绛的义举受到了人们的广泛称赞，2005年，人民文学出版社西班牙文学编辑胡真才在西班牙举行的专题讲座中特意提到了杨绛，说起她翻译《堂吉诃德》的前前后后，并介绍了她设立“好读书”奖学金的善举。他风趣地说：“好读书奖学金中当然有《堂吉诃德》的很大贡献，这说明堂吉诃德没有死，他还在中国实行他的骑士道呢。”听众中有人泪光闪闪，他们觉得，杨绛简直就是堂吉诃德在中国的化身。

截至2016年5月，“好读书”奖学金已累积到2434万元，受益学生达614人。今后，随着他们版税的不断增长，还将有更多的学生受益。

杨绛一生简朴，却有如此慷慨之举。一位邻居曾经不解地说：“她傻不傻啊，捐出去的钱都够买套别墅了。”杨绛闻言，只是淡然一笑。她认为，人活在世上，总得有些“形而上”的追求。

这世间难免有污浊的人和事，所以“打扫现场”有时并不是件那么令人愉快的事。2013年5月，一个令人震惊的消息打破了杨绛平静的生活：一家名为中贸圣佳的拍卖公司发布公告，将于6月举行钱锺书、杨绛、钱瑗的书信及手稿拍卖会，涉及钱锺书一家书信及手稿等共计110件作品。

这些书信多是钱锺书一家与香港《广角镜》杂志社总编辑李国强的书信往来，信中有些内容涉及对学人的评判以及个人隐私，并不适合公开。

杨绛听到这个消息后，立即给李国强打去电话，质问他："我当初给你书稿，只是留作纪念；通信往来是私人之间的事，你为什么要把它们公开？"又说："这件事情非常不妥，你为什么要这样做？请给我一个答复。"李国强表示会给她一个书面答复，但当记者致电时，他却挂断了电话。

信件即将拍卖的消息还在不时传来，杨绛坚决反对这种侵犯个人隐私的行为，反对利用个人之间的信任去进行商业炒作。为此，她以 102 岁高龄，亲自出面诉诸法律。她说这绝不是金钱或个人利益得失的问题，而是为了维护人与人之间的信任，是捍卫人的隐私权、捍卫法律的权威。她控诉说："个人隐私、人与人之间的信赖、多年的感情，都可以成为商品去交易吗？"

杨绛生平绝少这样疾言厉色，这次是真的出离愤怒了，还好在她的反对以及学界同人的支持下，拍卖最终取消了。正是通过这件事，人们才发现，原来看起来谦让温婉的杨绛，骨子里竟深藏着凛然不可侵犯的硬气。

这才是真实的杨绛，她待人温厚有礼，但绝不容许别人挑战她的底线，更不能容许他人对钱锺书和钱瑗有一丝一毫的冒犯。

在她的精神世界里，丈夫和女儿都不曾真的离开，只是换了一个方式和她同在。钱锺书走后，有人问起他的事，杨绛常常用“我们”来代答。别人找她为钱锺书的书签名，她常常也是先签钱锺书的名字，再签自己的，永远都遵循“夫在先，妻在后”的原则。

“梦魂长逐漫漫絮，身骨终拼寸寸灰”，这是钱锺书在1991年应杨绛所请为她书中人物所作情诗中的诗句，若干年以后，竟成了她留在世上孑然一人，孤身整理遗稿、打扫现场的真实写照。

钱锺书早已去了另一个世界，留在这个世界的杨绛，却以这种方式，延续着对他的爱、思念和崇拜。

走到人生边上

钱瑗去世后，杨绛对钱锺书说："阿圆走了，我要写一个女儿，叫她陪着我。"病床上的钱锺书，点头表示同意。

在钱锺书和女儿结伴离去四年后，92 岁的杨绛，兑现了对丈夫的诺言，以一支纯净之笔，写出了《我们仨》。这本书里，没有浪漫的故事，没有曲折的情节，写的只是记忆中一些微细之事，却格外真挚动人。

全书分为三部分，以杨绛做的一个万里长梦为引，写出了一家三口相伴六十多年走过的风风雨雨、点点滴滴，字里行间弥漫着难以言表的温情和忧伤。

看杨绛所写的《我们仨》，就像看清溪流过，每一滴溪水，都凝聚着"我们仨"的记忆。读了这本书会发现，"我们"是一个多么温暖的字眼，任凭外面风雨飘摇，只要"我们"

还在一起，就足以应对世间所有的艰辛。

杨绛这辈子，写过不少作品，最动人的就是她思念亡夫和爱女的《我们仨》。这本书我不敢多读，读了总是容易落泪。他们一家三口都是不爱交游的人，平常做得最多的事就是惜时如金地读书，可就是这样安静的三个人，却构成了一个丰足甜润的小世界。都说人生如梦，杨绛却说："我这一生并不空虚，我活得很充实，也很有意思，因为有我们仨。"

在杨绛温润细腻的笔下，女儿真的"活"了，活得有血有肉，与妈妈相依相偎。写到动情处，杨绛的泪水落在纸上，不能自已。在《我们仨》的结尾处，杨绛把自己比作一个日暮途穷的羁旅倦客——"家在哪里，我不知道，我还在寻觅归途。"

2003 年，《我们仨》出版，扉页上一句"我一个人思念我们仨"，叫多少人读之泪下。

《我们仨》问世后，迅速成为畅销书，仅一年之内就热销 50 万册，至今还长销不衰。人们羡慕杨绛一家不同寻常的遇合，更同情和惋惜他们的失散。有人评说，"她（杨绛）瘦小的身躯里蕴藏着感动中国的力量"。

可杨绛一如既往地淡定和清醒，她说："我没写什么大文章，只是把个人的思念之情记录了下来，不为教育谁用。"

写作对于她来说，更像是一种抵御思念的方式，她晚年的写作，总是离不开回忆和缅想，在书写中，已经逝去的亲人仿佛又活了过来，和她聚了又聚。她以一支纤笔，构建了一个永恒的时光隧道，在那里，她可以和亲人们相聚相守，永不分离。

晚年的杨绛，在与老、病、忙的斗争中笔耕不辍，平静而执着地寻找皈依之路。钱锺书过世后，她在他的藏书里寻寻觅觅，想找一本可以得到安慰的书，可以指导她的书。最终，她找到了柏拉图的《斐多》，这本书主要描绘的是苏格拉底就义前与门徒们的谈话。他说："真正的哲学家一直在练习死。在一切世人中间，唯独他们最不怕死。"

杨绛决定翻译《斐多》，她不识希腊文，翻译起来相当不易，正因如此，才能够投入全部心神忘掉自己。正是这样艰苦的投入，将她从失去亲人的巨大悲痛中解救出来了。

苏格拉底的思想深刻地影响了她，96 岁时，她提笔写出了《走到人生边上》一书。这本书是杨绛人生智慧的结晶，若想理解她的人生观和价值观，从此书入手最好不过。从书名来看，这也正好和钱锺书作于 20 世纪 40 年代的《写在人生边上》遥相呼应。

《走到人生边上》直面的是生和死的大问题，可以看作杨绛对于生和死、神和鬼、命和天命等哲学命题的一次终极思考。她相信命运，同时更坚信主宰人命运的，实质上还是人的自由意志。她觉得人生实苦，坦诚地说："在这个物欲横流的人世间，人生一世实在是够苦的。你存心做一个与世无争的老实人吧，人家就利用你、欺侮你。你稍有才德品貌，人家就嫉妒你、排挤你。你大度退让，人家就侵犯你、损害你。"

那么人生的意义到底是什么？杨绛指出，正因如此，人活一世，才更需要修炼灵魂，完善自我，这样才不会辜负人为万物之灵的地位。她说："在人生的道路上，如一心追逐名利权位，就没有余暇顾及其他。也许到临终回光返照的时候，才感到悔惭，心有遗憾，可是已追悔莫及，只会饮恨吞声而死。一辈子锻炼灵魂的人，对自己的信念，必老而弥坚。"

这段话可以看成夫子自道，杨绛这一辈子，从来没有停止过对自己灵魂的"锻炼"。她的修养，她的淡泊，她的隐忍和风骨，都得益于持之以恒的"锻炼"，所以才会老而弥坚。

杨绛80岁寿诞时，夏衍曾为其题词："无官无位，活得自在，有才有识，独铸伟词。"可谓名副其实，适如其身。

《走到人生边上》前面一部分是论述，后面一部分则是"注释"，由数篇独立成篇的散文构成。这些散文显示出她渴望穿越生死界限、与亲人重聚的梦想，因为对灵魂的存在信大于疑，她才渴望着有一天能够和亲人们灵魂相守。她甚至设想，自己到底应该以怎样的面貌与早已过世的亲人相会。如果是现在的这副面貌，钱锺书和圆圆会认得，可是父亲和母亲肯定不认得了；如果回复到十五六岁时的小姑娘模样，父母当然欢喜，钱锺书和圆圆又认不出了。

她坚定地相信，甩掉了肉体，灵魂彼此间都是认识的，而且是熟识的、永远不变的，就像梦里相见时一样。

《走到人生边上》2007 年面世后，被视为一部奇书。作家周国平评价说："杨绛站在人生边上，发出自己最后的声音，这也是人文世界的声音，要对中国大陆虚无主义做回击，人生必须有不懈的追求，也要深思生死边缘的价值。"邱立本则惊喜地赞叹说："96 岁的文字，竟具有初生婴儿的纯真与美丽。"

杨绛的文风简洁流利，不像很多民国同期作家那样翻译腔十足，也没有人们熟悉的"现代气息"。她觉得，"可能是因为我太崇尚古典的清明理性"。

2014 年，人民文学出版社汇集了杨绛迄今为止最全的作品，出版了《杨绛全集》，由 2009 年的八卷本扩充到九卷本。这部作品集共计两百七十余万字，第一卷收录了长篇小说《洗澡》、中篇小说《洗澡之后》及七篇短篇小说；第二至四卷为散文部分，包括《干校六记》《将饮茶》《杂忆与杂写》《我们仨》等；第五卷则是戏剧作品和文学评论，包括《称心如意》和《弄真成假》等；第六至九卷为杨绛的翻译作品，包括《堂吉诃德》《小癞子》《斐多》等。

杨绛对自己出版的作品要求极为严格，所有不及格的作品、改不好的作品，全部删弃。文章扬人之恶，也删。

尽管著作等身，但她对自己的文学创作还是有所遗憾的，在《杨绛全集》的序中，她说："我当初选读文科，是有志遍读中外好小说，悟得创作小说的艺术，并助我写出好小说。但我年近八十，才写出一部不够长的长篇小说。"

其实，早在2004年，人民文学出版社就出版了《杨绛文集》，后来又于2009年、2014年两次扩充。人们没有想到，作为一位百岁老人，杨绛的创作力依然如此惊人，不断有新的作品问世，所以文集也只能不停地收入新作。

到了100岁之后，杨绛仍然在坚持写。光是2013年9月间，她就写了五篇回忆文章，分别是《回忆我的母亲》《三姊姊是我"人生的启蒙老师"》《太先生》《五四运动》《张勋复辟》。

2014年，《洗澡之后》出版，距离《洗澡》面世，已经过去了26年。在书的"前言"中，杨绛写道："假如我去世以后，有人擅写续集，我就麻烦了。现在趁我还健在，把故事结束了吧。这样呢，非但保全了这份纯洁的友情，也让读者看到一个称心如意的结局……我这部《洗澡之后》是小小一部新作，人物依旧，事情却完全不同。我把故事结束了，谁也别想再写什么续集了。"而在书的"结束语"里，她再次强调：“许彦成与姚宓已经结婚了，故事已经结束得‘敲钉转角’，谁还想写什么续集，没门儿了！”

从结束语中可以看出，这位年逾百岁的老人，身上还保留着年轻时的爽利。她的文笔依然像写《洗澡》时那样精致干净，简洁爽朗，令人读了后余香满口。

我们毫不怀疑，如果杨绛先生还在人世，只要身体允许的话，以她的精气神，还会一直写下去，写到生命的最后一刻。

火萎了，我也准备走了

在生命的最后十年，杨绛深居简出，过着一种近似于隐士的生活。

她仍然住在三里河那套寓所里面，仍然是水泥地、白灰墙，壁上仍然挂着“二分流水三分竹，九日春阴一日晴”的那副对联。家里的摆设都和以前一样，客厅的墙上挂着“我们仨”的合影，钱锺书和圆圆在照片中对着她微笑。

那一带的居所，只有她家没有把阳台封起来，有人问她为什么，她说：“为了坐在屋里能够看到一片蓝天。”

昔日的“洋囡囡”，已成了白发苍苍的老人，却仍然气度雍容，温文尔雅。偶尔出现在人们面前时，总是穿得干净整洁，脸上带着得体的微笑。她是个爱体面的人，一辈子都体体面面的，临老了也是如此。

堂弟钱锺鲁的妻子陈霞清回忆说，每次去看杨先生，都得预先跟保姆说好，不能去太早，因为大嫂要梳妆打扮。陈霞清也特别佩服大嫂这点，穿的衣服全是半新不旧的，可是特别有派，百岁老人还有她自己的气度。

从她晚年留下来的几张照片来看，面对镜头时，她总是微笑着。那种笑容，就像她的老友柯灵所说的那样，杨绛的笑是用泪水洗过的，所以笑得明净，笑得蕴藉，笑里有橄榄式的回甘。

很多人到了老年，眼睛会变得浑浊灰暗，可是老年杨绛的双眼依然明亮有神。那样清清亮亮的眼神，似乎能看到人的心里去，所以有人评价说，她到老了仍保留着少女的神态。作家铁凝和她的关系很好，经常登门拜访，杨绛和铁凝说起幼时的趣事时，脸上泛起兴奋的红晕，被铁凝称为“婴儿红”。

这位百岁老人，让人们见识到了什么是坚韧和刚强。至亲离开后，她当着外人的面几乎没有流过眼泪，其实那段时间她悲痛得只能服用大量安眠药入睡，连走路都要扶着墙。她 100 岁的时候，仍然不服老，自己能做到的事就亲自做。有一次灯管坏了，她便挪来一张桌子，又在上面叠了一把椅子，爬到上面去换灯管，在天花板上留下了几个手印。

对这样一位德高年长的文坛前辈，很多人都视为“国宝”，杨绛却自觉自愿地披上了隐身衣，甘当一个零。

出版社要为她的新书发布搞活动，她委婉地拒绝说：“我是一滴清水，吹不出肥皂泡，我把稿子交出去了，剩下怎么卖书的事情，就不是我该管的了。”

政府主动要给她装修房子，她推辞说：“虽说是国家的钱，到底是老百姓的，所以不要破费。”

杨绛每年都要“躲”生日，她一再告诉出版社等机构不要去她家看望，也不要祝寿。她说：“我无名无位活到老，活得很自在。”

2011 年 7 月 17 日，她迎来了自己的 100 岁生日，亲友们都想上门来为她祝寿，她温和地说：“天太热，你们在家替我吃一碗寿面，别麻烦大家了。”

记者想要登门采访，她总是婉言谢绝，为此心中还很感歉疚。朋友们建议她借百岁生日之际，通过答问与读者做一次交流。她总算同意接受了《文汇报》的笔谈专访，多年来首次公开向外谈论各种问题。她充满深情地谈起了父亲对她的教育，谈起了钱锺书，谈起了翻译和写作，谈起了含忍和信仰。100 岁的老人了，思路还是那么清晰敏锐。

在笔谈的末尾，她说：“我今年 100 岁，已经走到了人生的边缘，我无法确知自己还能往前走多远，寿命是不由自主的，但我很清楚我快‘回家’了。我得洗净这一百年沾染的污秽回家。我没有‘登泰山而小天下’之感，只在自己的小天地里过平静的生活。”

周国平这样评价她：“这位可敬可爱的老人，我分明看见她在细心地为她的灵魂清点行囊，为了让这颗灵魂带着全部最宝贵的收获平静地上路。”

过了100岁的杨绛，依然过着克制而有规律的生活，牢记着钱锺书生前的嘱托，尽力好好活着。她吃得很清淡，尽量不吃油腻的东西，喜欢买大棒骨来熬汤，将骨头敲碎，然后用汤来煮木耳吃。她睡得很少，晚上一点半睡，早上六点半就起床了。

她坚持每天读书写作，锻炼身体。她每天要走7000步，在室内来回走，用铅笔来计数，随身带着七支铅笔，每走1000步就放下一支。大雁功也在继续练，天气好的时候，还会去楼下散步。邻居见了她，夸她身体硬朗，说她能活120岁。她笑着摇摇头说：“不，那样太苦了。”

从表面上来看，她已经从失去亲人的悲痛中恢复过来了，可其实她内心深处，从未停止过对丈夫和爱女的思念。

她每天都要练习毛笔小楷，抄写钱锺书的《槐聚诗存》，一天写几行。她说：“练练字，也通过抄诗与他的思想诗情亲近亲近。”

她和钱瑗以前的同学关系很好，那帮同学常来看望她，她亲昵地称他们为“小友”。见到他们，她总会想，若是钱瑗在世，也有这么大了。

钱锺书逝去12年后，杨绛望着中秋过后的一轮残月，写下了《忆锺书》：

与君结发为夫妻，
坎坷劳生相提携。
何意忽忽暂相聚，
岂已缘尽永别离。
为问何时能相见，
有谁能识此天机。
家中独我一人矣，
形影相吊心悲凄。

诗为心声，读了此诗，我们才知道，原来这位看上去平静而克制的老人，内心竟然堆积着如此深的哀伤和思念。“老来多健忘，唯不忘相思”，她一生中有很多身份，她是翻译家、文学家，更是杨荫杭的爱女、钱瑗的慈母，可她最为看重的，仍是“钱锺书生命中的杨绛”。

她总是对亲友们说：“钱先生和阿圆都走了，我的路也走完了。”

对于死亡，她早已没有了恐惧，她把那叫作“回家”。她说自己已经心静如水，平和地迎接着每一天，过好每一天，准备“回家”。

2016年5月25日，将既往岁月一点一点全部整理、打包后，她平静地离开了这个世界，“我们仨”终于可以在天上团聚了。

她是“生命的烤火者”，双手一直烤着生命之火，如今，火萎了，她也走了。她的文字，她的人格魅力，将继续存留下来，为我们这个喧嚣而丰富的世界，罩上一层柔和的金光。

杨绛生平大事记

1911 年 7 月 17 日，生于北京，祖籍江苏无锡，本名杨季康，出生后不久随父母去上海避难。

1915 年，4 岁，随家人到北京，在贝满幼儿园就读。

1919 年，8 岁，亲眼看见五四运动中大学生上街游行，同年随父母南迁回老家无锡。

1921 年，10 岁，在启明女校上学。

1924 年，13 岁，入振华女校就读。

1928 年，17 岁，因一心想读的清华大学外文系在南方没有名额，转投苏州东吴大学。

1930 年，19 岁，报考清华大学并试图转学，但因照顾患脑膜炎的大弟弟错过了考期。

1932 年，21 岁，从东吴大学到清华大学借读，并于古月堂前结识了钱锺书。

1933 年，22 岁，被清华研究院外文系录取，并与钱锺书订婚。

1935 年，24 岁，与钱锺书结婚，为陪同丈夫留洋从清华肄业，后随丈夫一起到英国牛津大学。

1937 年，26 岁，女儿钱瑗出生，同年一家三口赴巴黎游学。

1938 年，27 岁，一家三口回到战乱中的祖国，杨绛应振华校长王季玉之邀，筹建上海分校。

1939 年，28 岁，任振华分校校长兼高三英语教师。

1941 年，30 岁，辞去振华女中管理工作。

1942 年，31 岁，任小学教员，业余时间创作剧本。

1943 年，32 岁，编撰的第一部话剧《称心如意》上演，开始用杨绛作为笔名。

1944 年，33 岁，所编话剧《弄真成假》上演，以擅写喜剧扬名话剧界。

1945 年，34 岁，父亲杨荫杭去世。

1946 年，35 岁，在震旦女子文理学院任外文系教授。

1949 年，38 岁，与钱锺书一起重返清华，钱锺书任教授，杨绛为兼职教授。

1950 年，39 岁，翻译西班牙名著《小癞子》。

1952 年，41 岁，“洗澡”结束，调入文学研究所外文组。

1956 年，45 岁，译作《吉尔·布拉斯》出版。

1958 年，47 岁，为翻译《堂吉诃德》，开始自学西班牙语，同年下乡进行思想改造。

1964 年，53 岁，“文学研究所外文组”改名“外国文学所”，杨绛留所。

1965 年，54 岁，《堂吉诃德》第一部翻译完毕。

1966 年，55 岁，“文化大革命”开始，被分配打扫外文所的女厕所，《堂吉诃德》手稿被没收，几经周折才找回。

1969 年，58 岁，与钱锺书先后被下放到干校。

1972 年，61 岁，与钱锺书一起回到北京，从头开始翻译《堂吉诃德》。

1978 年，67 岁，译作《堂吉诃德》出版。

1981 年，70 岁，《干校六记》面世。

1982 年，71 岁，《干校六记》英译本出版。

1983 年，72 岁，随代表团访问巴西。

1984 年，73 岁，《干校六记》法译本出版。

1986 年，75 岁，开始写作第一部长篇小说《洗澡》。

1987 年，76 岁，散文集《将饮茶》出版，收有《回忆我的父亲》等名作。

1992 年，81 岁，法译本《洗澡》及《乌云的金边》在巴黎出版，同年开始整理父亲的遗作《老圃遗文辑》。

1993 年，82 岁，带病帮助钱锺书誊抄《槐聚诗存》。

1997 年，86 岁，女儿钱瑗去世。

1998 年，87 岁，丈夫钱锺书因病去世。

1999 年，88 岁，翻译柏拉图作品《斐多》。

2001 年，90 岁，捐出自己与钱锺书的所有版税，设立清华大学“好读书”奖学金。

2003 年，92 岁，出版怀念丈夫与爱女的作品《我们仨》。

2007 年，96 岁，出版《走到人生边上》一书。

2011 年，100 岁，被查出患有心衰，但她依旧乐观豁达，每天读书写作，从不间断，晚上一点半睡觉。

2013 年，102 岁，一家拍卖公司欲将钱锺书、杨绛、钱瑗一家人的信件与手稿公开拍卖，杨绛愤而上诉，维权成功。

2014 年，103 岁，《杨绛全集》出版，《洗澡》的续篇《洗澡之后》也于该年面世。

2016 年 5 月 25 日凌晨，杨绛于北京协和医院病逝，享年 105 岁。

参考书目

[1] 杨绛 . 我们仨 [M]. 北京：生活 · 读书 · 新知三联书店，2003 年 .

[2] 杨绛 . 杨绛文集·散文卷上 [M]. 北京：人民文学出版社，2009 年 .

[3] 吴学昭 . 听杨绛谈往事 [M]. 北京：生活 · 读书 · 新知三联书店，2008 年 .

[4] 罗银胜 . 杨绛传 [M]. 北京：北京联合出版公司，2015 年 .

[5] 杨绛 . 洗澡 [M]. 北京：人民文学出版社，2004 年 .

[6] 杨绛 . 洗澡之后 [M]. 北京：人民文学出版社，2014 年 .

[7] 钱锺书 . 围城 [M]. 北京：人民文学出版社，2007 年 .

[8] 杨绛 . 走到人生边上 [M]. 北京：商务印书馆，2007 年 .